Marina Hammerle-Niesporek

HEJ. KUSCHELTIERE STRICKEN

Supersoft und kuschelweich

EMF

EIN BUCH DER
EDITION MICHAEL FISCHER

INHALT

Vorwort 4

Maschenanschlag 6

Maschen aufschlingen 7

Rechte und linke Maschen 8

Stricken in Reihen 8

Stricken in Runden mit dem Nadelspiel 9

Farbwechsel in Runden 10

Umschläge zwischen 2 rechten Maschen 10

Maschen rechts zusammenstricken 11

Maschen zunehmen 11

Abketten durch Überziehen 12

Maschen an einer Seitenkante aufnehmen 13

Teile im Maschenstich verbinden 13

Im Maschenstich sticken 14

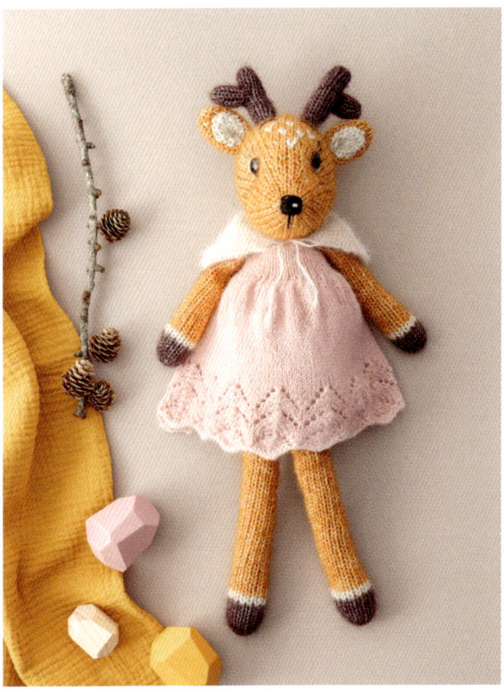

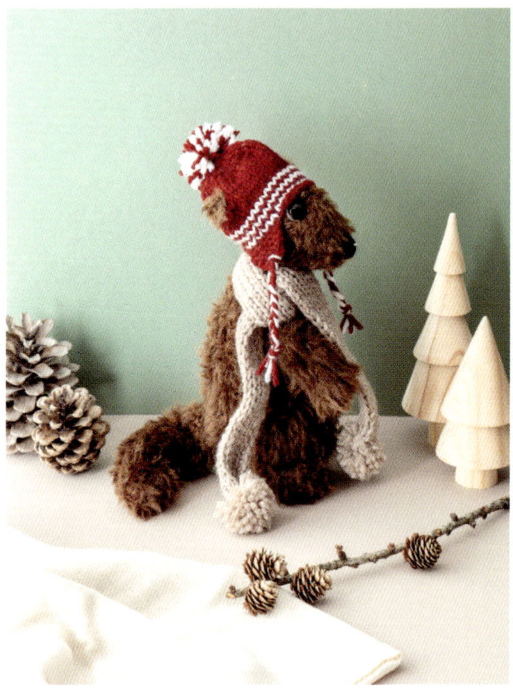

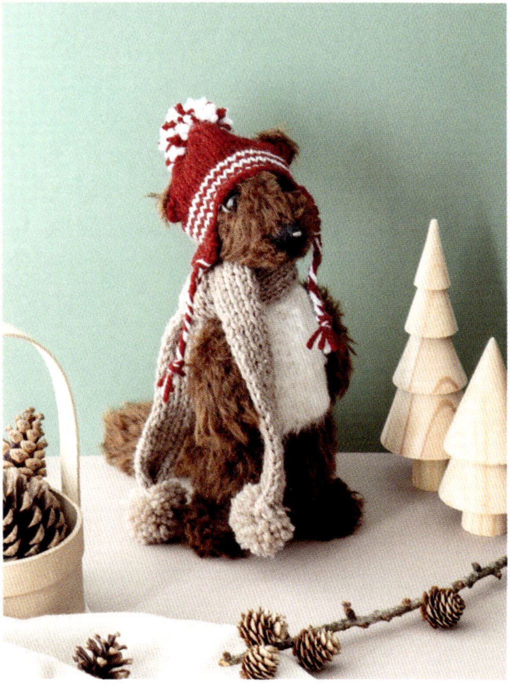

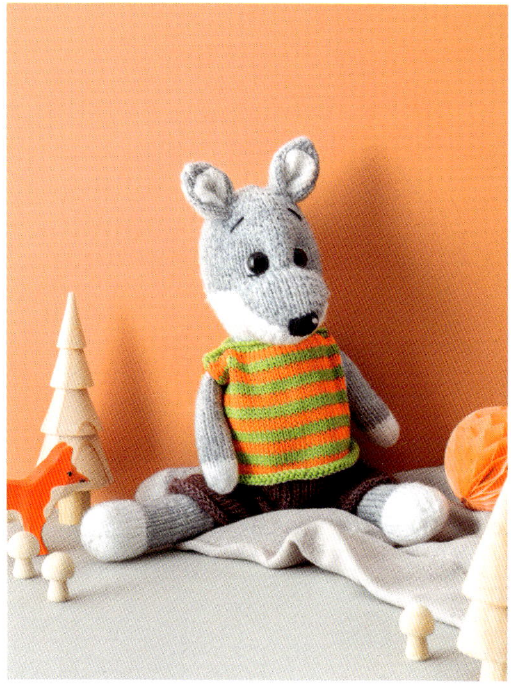

ELCH BEN 16

EULE ELSA 24

WOLF IWAN 30

BÄRIN LUISA 38

LUCHS FINN 44

REH JOHANNA 52

MARDER SPEEDY 58

Dank und Vita 64

Impressum 64

VORWORT

Was gibt es Schöneres, als etwas Selbstgemachtes an ein ganz besonderes Kind zu verschenken und damit dessen Augen zum Leuchten zu bringen?

Vor allem in der heutigen, schnelllebigen Zeit, in der jegliche Art von Spielsachen gekauft werden kann, liegen den Kleinen besonders jene Dinge am Herzen, die Oma, Mama oder Tante nur für sie allein gemacht haben. Ihr werdet staunen, wie sehr die Kleinen eure selbst gestrickten neuen Spielgefährt*innen lieben werden, und wer weiß, vielleicht wird das ein oder andere sogar ein Stück, das an die nächste Generation weitergegeben wird.

Beim Entwerfen der Tiere war mir der „Kuschelfaktor" und die „Bespielbarkeit" äußerst wichtig. Weiche Wolle, Kleidung, die leicht an- und auszuziehen ist, und eine recht unverwüstliche Konstruktion, falls es einmal etwas wilder zugehen sollte. Sämtliche Tiere in diesem Buch sind von Illustrationen aus alten Kinderbüchern inspiriert und können ganz individuell gestaltet werden. Traut euch und lasst eurer Kreativität freien Lauf. Ihr habt eine große Restekiste? Wunderbar! Mit diesem Buch könnt ihr euren Miniknäueln Leben einhauchen und sie zu etwas ganz Besonderem für ein Kind machen.

Aber Achtung, das Stricken dieser Tiere macht süchtig und es wird bestimmt nicht bei einem bleiben.

Jetzt wünsche ich euch aber ganz viel Spaß beim Zaubern mit Nadel und Wolle und viel Freude beim Verschenken an eure geliebten kleinen Erdenbürger*innen.

Eure Marina

KUSCHELTIERE
STRICKEN IST ANDERS

Besonders die erfahrenen Stricker*innen unter euch sind es gewohnt, exakt nach einer angegebenen Maschenprobe zu stricken. Beim Stricken von Kuscheltieren ist das jedoch zweitrangig.

Das Wichtigste ist hier, dass das fertige Strickstück nicht zu locker ist und die Maschen dicht gestrickt sind, damit die Füllwatte nicht zu sehen ist oder gar herausquillt. Außerdem sind die Tiere so langlebiger und auch die Haptik ist angenehmer.

Experimentiert mit verschiedenen Wollresten, die ihr noch in eurem Stash habt.

ACHTUNG! Sicherheitsaugen sind nicht zwangsläufig sicher. Sollte das Tier für ein kleines Kind bestimmt sein, rate ich euch von diesen ab. Stickt hier stattdessen die Augen auf. So kann sich nichts lösen und es besteht keine Gefahr für die Kleinen.

MASCHENANSCHLAG

Der Kreuzanschlag ist der herkömmlichste und bekannteste Maschenanschlag. Gerade für Anfänger*innen ist er einfach zu erlernen und zu bewältigen. Er kann für jedes darauffolgende Muster verwendet werden und bildet eine stabile und zugleich elastische Kante.

HINWEIS

Diese Grundschlinge (auch „Anfangsschlinge") ist der Beginn beinahe aller Anschlagsmethoden.

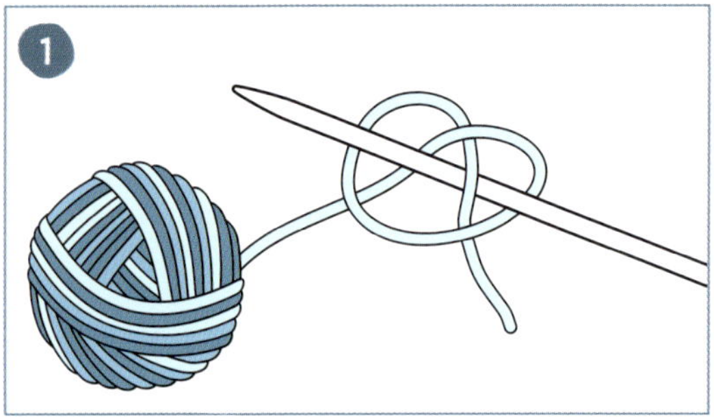

Es wird zunächst auf der rechten Nadel eine Grundschlinge gebildet. Das Fadenende sollte dabei etwa 3x so lang sein wie die gewünschte Anschlagskante – bei dickerem Garn etwas mehr, bei dünnerem etwas weniger.

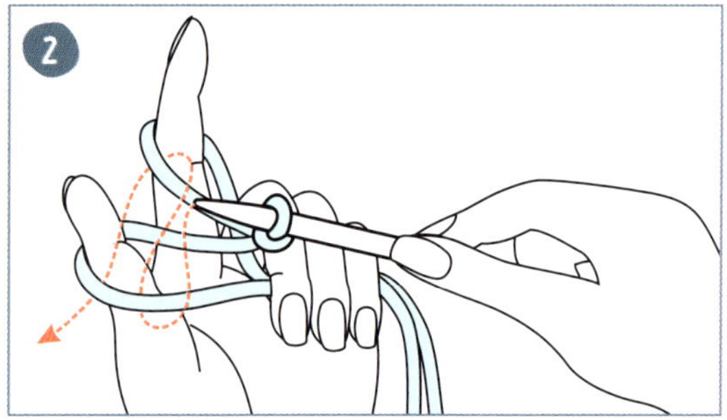

Den Arbeitsfaden, der mit dem Garnknäuel verbunden ist, über den Zeigefinger führen, das Garnende über den Daumen legen. Die Nadel unter den linken Daumenfaden führen, dann über den linken Zeigefingerfaden und diesen als Schlaufe durch die beiden Daumenfäden hindurch nach vorne ziehen.

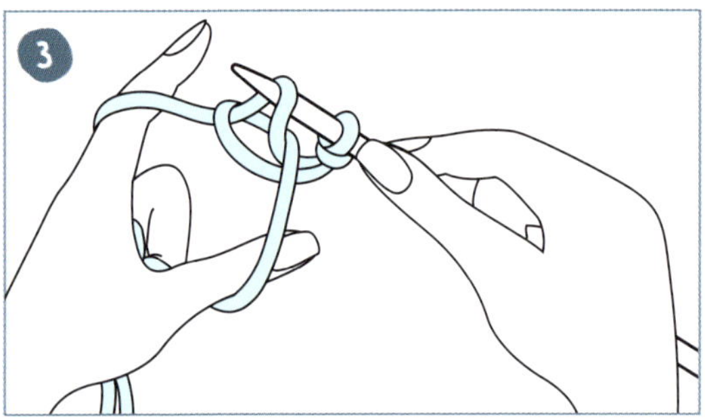

Die Masche auf der Nadel anziehen und die Fäden auf Daumen und Zeigefinger legen. Schritt 2 und 3 laufend wiederholen.

TIPP

Gerade Anfänger*innen neigen dazu, den Kreuzanschlag besonders fest auszuführen. Schlage die Maschen dann einfach statt mit nur einer mit zwei parallel zusammengelegten Nadeln an, so wird der Anschlag etwas lockerer. Sollte dein Anschlag umgekehrt stets zu locker ausfallen, so verwende für die Anschlagsreihe eine um ein bis zwei Nadelstärken dünnere Nadel.

MASCHEN AUFSCHLINGEN

Das Aufschlingen von Maschen ist die simpelste Anschlagstechnik, bildet allerdings eine wenig stabile Kante, weshalb sich diese Methode ausschließlich für weniger strapazierte Stücke oder für nur kurze Anschläge eignet. Bei dieser Technik wird mit nur einem Faden gearbeitet, am Ende der Reihe oder nach dem Bilden der Grundschlinge werden schrittweise Schlaufen auf die Nadel gelegt. Das Aufschlingen praktiziert man z. B. innerhalb des Strickstücks, wenn an einem Rand zusätzlich Maschen aufgenommen werden sollen. Beispiele hierfür sind das Stricken der Finger bei Handschuhen und Fäustlingen oder das Arbeiten von Knopflöchern.

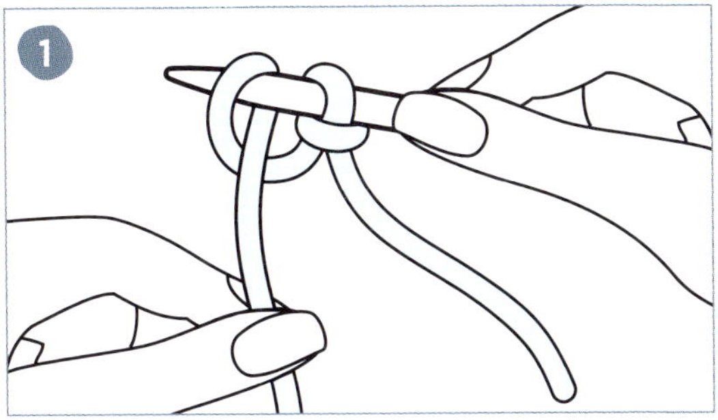

Die Nadel mit der Anfangsschlinge in der rechten Hand halten und den Arbeitsfaden um den Daumen legen. Dabei den Arbeitsfaden leicht festziehen.

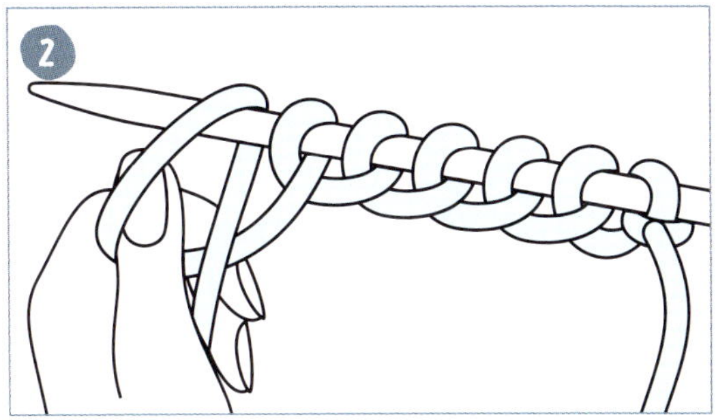

Den Faden um die Nadel führen und diesen Vorgang so oft wiederholen, bis die gewünschte Anzahl Maschen aufgeschlungen ist.

RECHTE UND LINKE MASCHEN

RECHTE MASCHEN

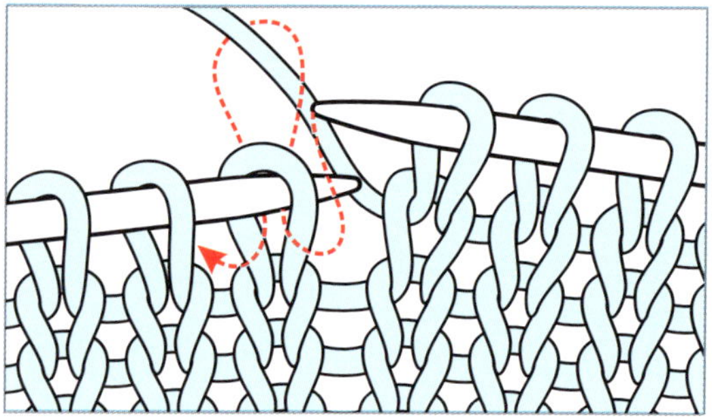

Unabhängig davon, wie und in welcher Hand du den Arbeitsfaden hältst, die rechte Masche wird stets gleich gestrickt. Dazu wird mit der rechten Nadel von vorn in die nächste Masche auf der linken Nadel eingestochen. Der Arbeitsfaden wird danach von oben ergriffen und durch die Masche gezogen. Die neue Masche befindet sich somit auf der rechten Nadel, die ursprüngliche Masche lässt du von der linken Nadel gleiten. Die neue Masche liegt wieder so auf der Nadel, dass der rechte Maschenschenkel vorn und der linke Maschenschenkel hinten liegt.

LINKE MASCHEN

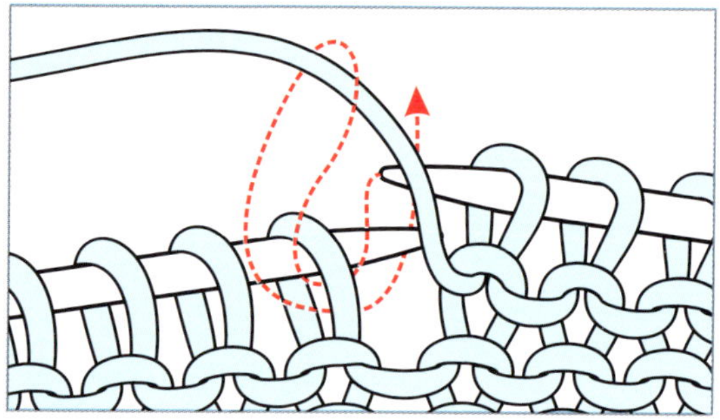

Zum Stricken einer linken Masche hältst du den Arbeitsfaden vor der Arbeit. Stich mit der rechten Nadel von rechts in die nächste Masche auf der linken Nadel ein. Lege den Arbeitsfaden von oben nach unten um die Nadel herum und hole die Nadel zusammen mit der neuen Masche durch. Die ursprüngliche Masche lässt du von der linken Nadel gleiten. Die neue Masche liegt wieder so auf der Nadel, dass der rechte Maschenschenkel vorn und der linke Maschenschenkel hinten liegt.

STRICKEN IN REIHEN

GLATT RECHTS IN REIHEN STRICKEN

Zum Arbeiten von glatt rechts gestrickten Strickstücken werden die Maschen in den Hinreihen, also auf der Vorderseite, stets rechts gestrickt. In den Rückreihen, auf der Rückseite also, strickst du die Maschen hingegen links. Sie erscheinen dann nämlich auf der Vorderseite wieder als rechte Maschen. **Kraus rechts** bedeutet, dass sowohl die Hin- wie auch die Rückreihen ausschließlich mit rechten Maschen gestrickt werden.

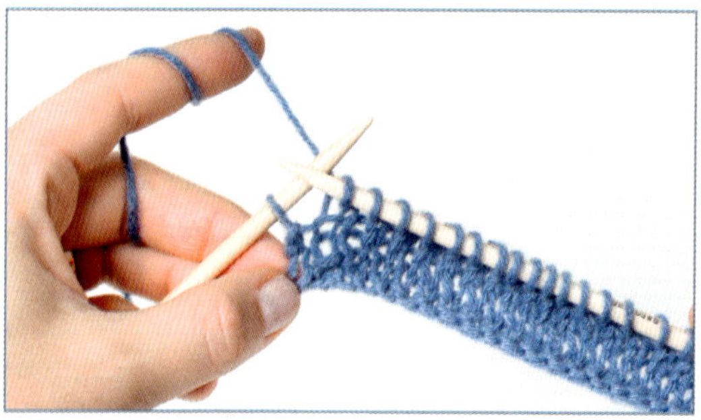

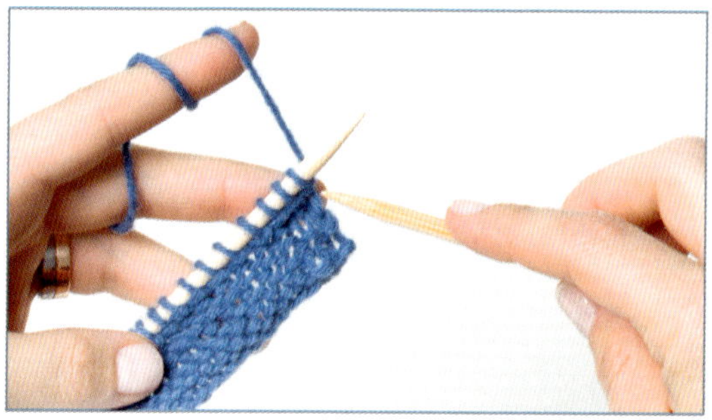

RANDMASCHEN: KETTRAND

Einige Körperteile und Kleidungsstücke werden in Reihen gestrickt. Hier empfiehlt es sich, die Randmaschen als Kettrand zu arbeiten. Der Kettrand ergibt einen lockeren und schönen Rand. Die Randmaschen werden je nach Variante in Hin- oder Rückreihe abgehoben und nur in jeder zweiten Reihe gestrickt.

1. Variante

Hinreihen: Die 1. Masche und letzte Masche links abheben (Faden vor der Arbeit).

Rückreihen: Die 1. Masche rechts verschränkt str, die letzte Masche rechts str.

2. Variante

Hinreihen: Die 1. Masche rechts verschränkt, die letzte Masche rechts str.

Rückreihen: Die 1. Masche und letzte Masche links abheben (Faden vor der Arbeit).

3. Variante

Hin- und Rückreihen: Die 1. Masche links abheben (Faden vor der Arbeit), die letzte Masche rechts str.

STRICKEN IN RUNDEN MIT DEM NADELSPIEL

Nadelspiele bestehen aus vier, fünf oder sechs Stricknadeln mit je zwei spitzen Enden. Beim Stricken mit dem Nadelspiel werden die Maschen gleichmäßig auf drei, vier oder fünf Nadeln verteilt. Mit der jeweils freien Nadel strickt man die Maschen von der nächsten Nadel ab.

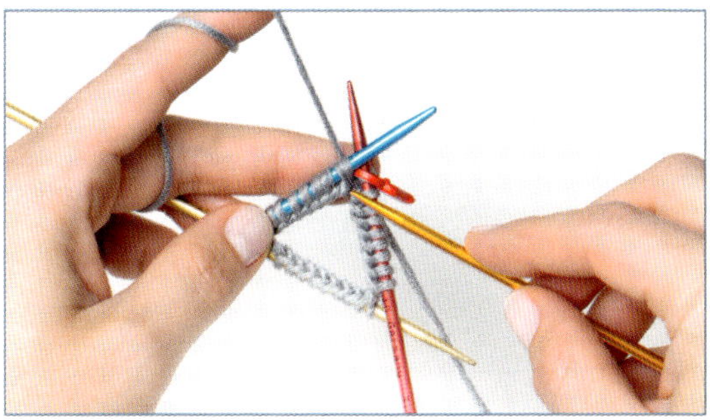

Achte beim Maschenanschlag darauf, dass sich die Maschen nicht verdrehen. Ordne die Nadeln beim Stricken so an, dass beide Spitzen derjenigen Nadel, von der gerade abgestrickt wird, oben liegen.

Den Rundenbeginn kannst du mithilfe eines Maschenmarkierers oder eines kontrastfarbenen Fadens kennzeichnen. Du erkennst ihn allerdings auch stets am Anfangsfaden, der an dieser Stelle herunterhängt.

TIPP

Ein häufiges Problem beim Stricken mit dem Nadelspiel sind die sogenannten „Leitern", die zu lockeren Übergänge zwischen den Nadeln. Um diese zu vermeiden, strickst du stets die erste Masche extra fest, oder du versetzt jeweils die letzte Masche, indem du sie auf die nächste Nadel nimmst und dann erst abstrickst. Auf diese Weise werden die Zwischenräume unsichtbar.

HINWEIS

Nadelspiele gibt es in verschiedenen Längen. In der Regel wirst du 20 cm lange Nadeln verwenden. Je nach Radius der Runde gibt es aber auch kürzere oder längere Varianten.

FARBWECHSEL IN RUNDEN

Bei Farbwechseln in Runden entstehen beim Rundenwechsel unschöne Farbabsätze (sogenannte „Treppchen"), diese lassen sich wie folgt verhindern:

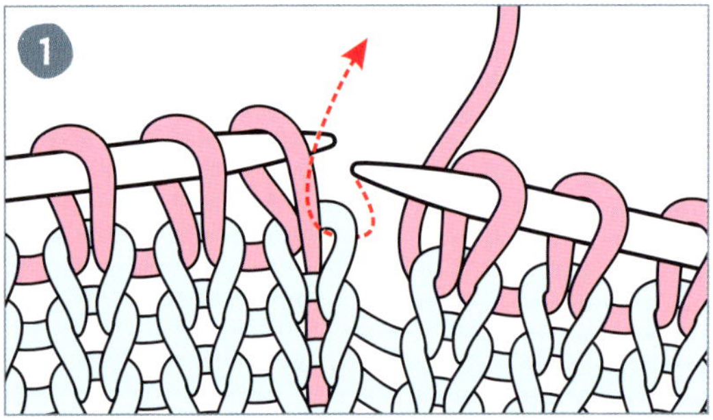

Stricke die erste Runde mit der neuen Farbe.

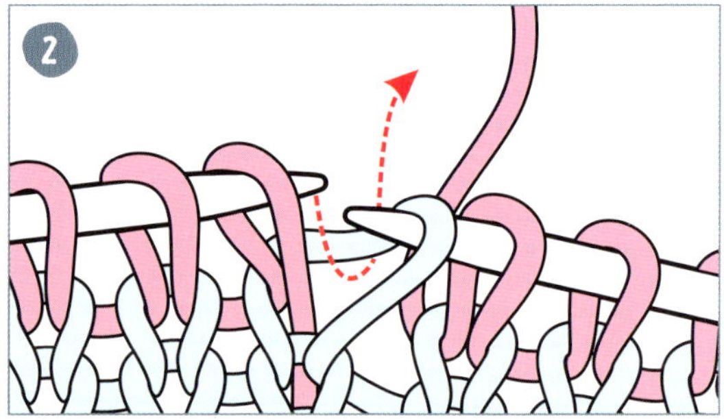

Zu Beginn der zweiten Runde hebst du aus der Vorreihe die Masche, die unter der ersten Masche liegt, hoch auf die linke Nadel ...

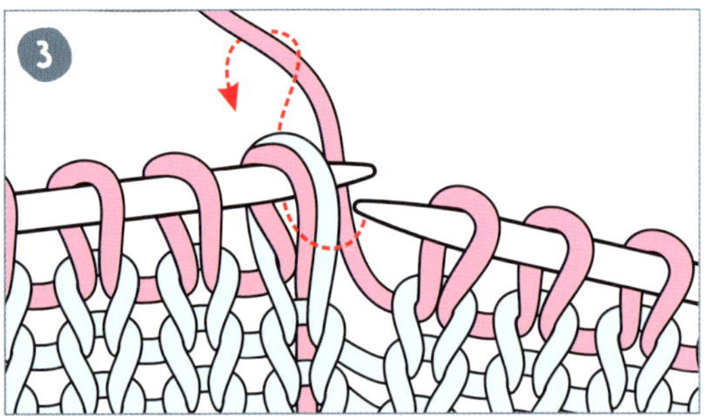

...und strickst sie mit der ersten Masche der zweiten Runde zusammen.

HINWEIS

Beim Farbwechsel in Runden kannst du den nicht genutzten Faden auf der Rückseite mit nach oben führen. In diesem Fall können die Farbwechsel sogar weniger häufig stattfinden. Verkreuze die Fäden dabei in jeder Runde, um Schlaufen auf der Rückseite zu verhindern.

UMSCHLÄGE ZWISCHEN 2 RECHTEN MASCHEN

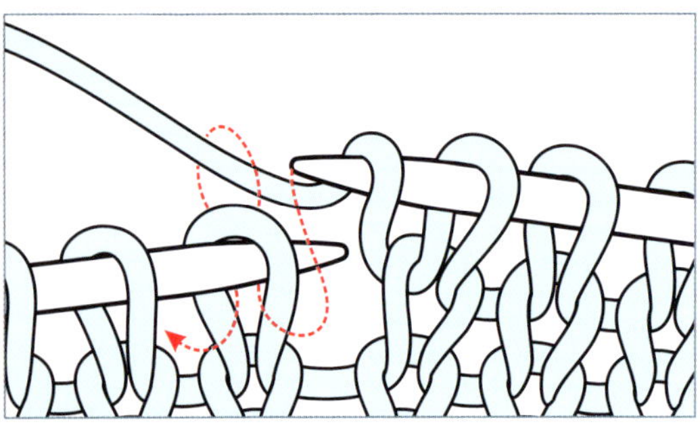

Lege den Arbeitsfaden von vorn über die rechte Nadel und stricke die folgende Masche normal rechts ab.

MASCHEN RECHTS ZUSAMMENSTRICKEN

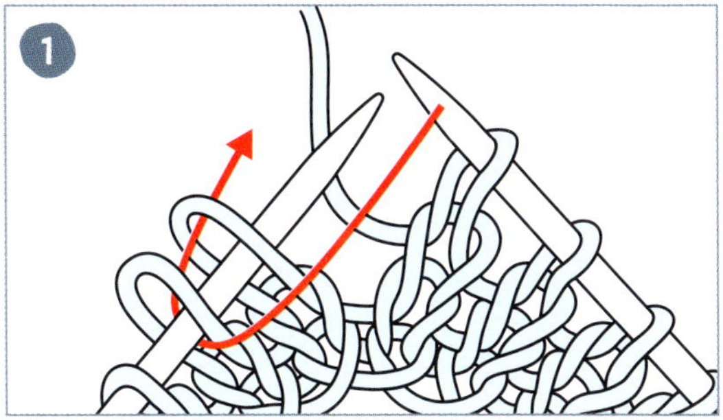

Führe die rechte Nadel von links nach rechts erst durch die übernächste, dann durch die nächste Masche auf der linken Nadel.

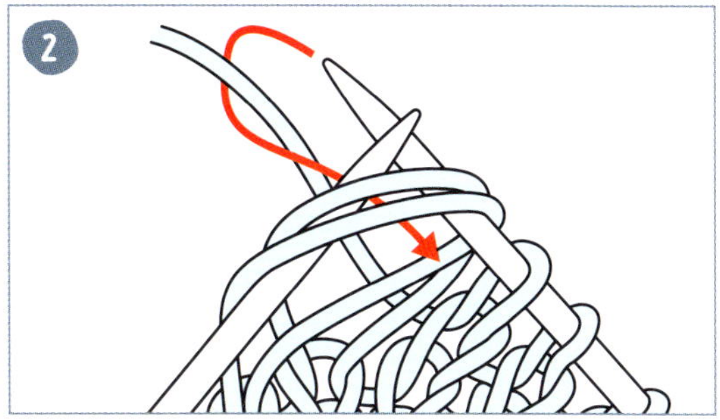

Hole den Arbeitsfaden wie zum Rechtsstricken durch.

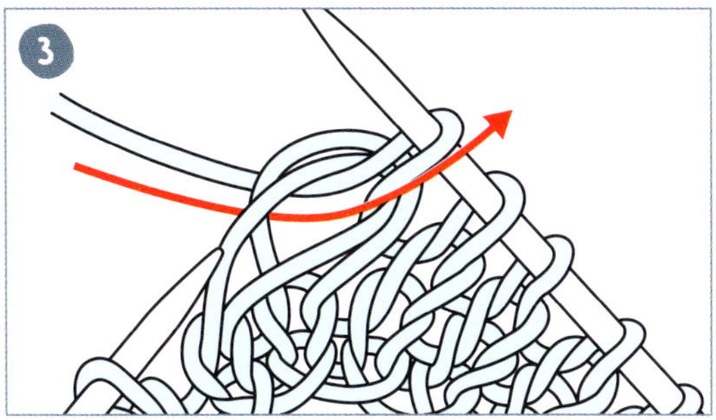

Lass beide Maschen von der linken Nadel gleiten. Auf diese Weise kannst du natürlich auch drei oder mehr Maschen zusammenstricken.

MASCHEN ZUNEHMEN

NACH RECHTS GENEIGT AUS DEM QUERFADEN

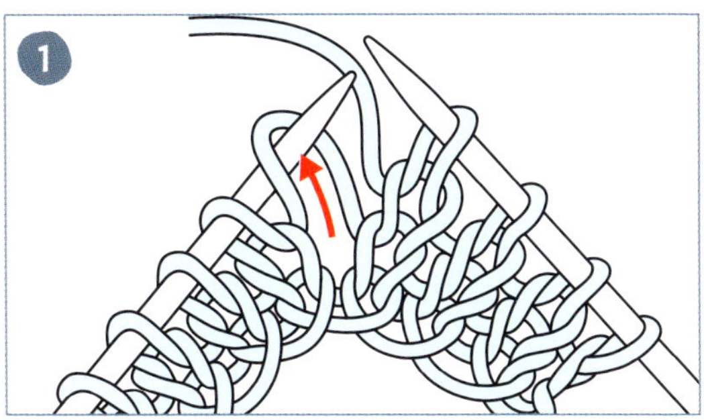

Mit der linken Nadel von hinten den Querfaden zwischen der rechten und linken Nadel aufnehmen.

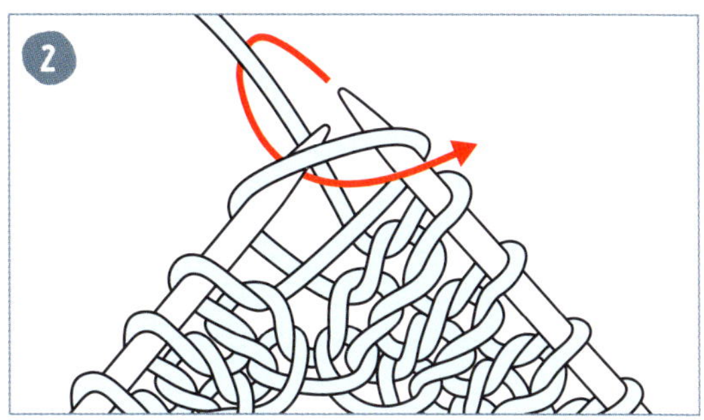

Diesen Querfaden normal rechts abstricken ...

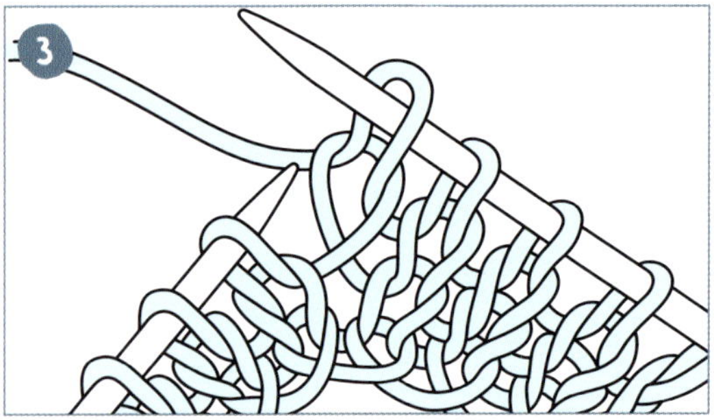

…und von der linken Nadel gleiten lassen.

ABKETTEN DURCH ÜBERZIEHEN

Die einfachste Form des Abkettens ist das Abketten durch Überziehen. Diese Methode ist für rechte und linke Maschen gleichermaßen anwendbar.

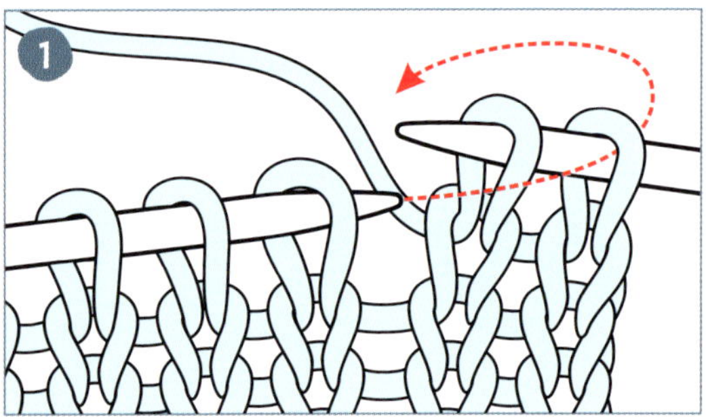

Stricke die ersten beiden Maschen rechts und stich anschließend mit der linken Nadel von links in die zuerst abgestrickte der beiden Maschen.

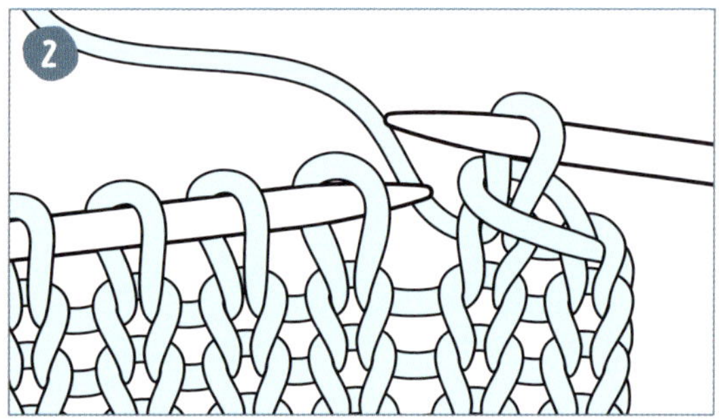

Ziehe diese Masche über die links neben ihr und lass die übergezogene Masche von der Nadel gleiten. Eine Masche wurde abgekettet. Stricke die nächste Masche rechts und ziehe erneut die Masche rechts von ihr über.

HINWEIS

Das Abketten linker Maschen oder im Muster erfolgt nach demselben Prinzip. Die Maschen werden dabei stets so gestrickt, wie sie erscheinen, rechte Maschen also rechts, linke Maschen links.

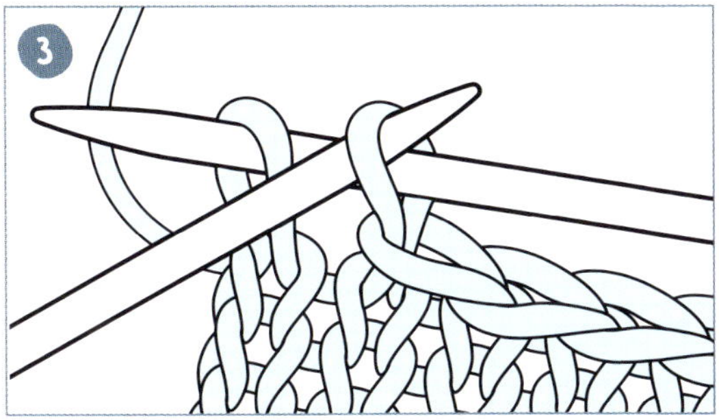

Wiederhole diesen Vorgang bis zum Ende der Reihe. Dort ziehst du das Fadenende durch die letzte Masche, lässt es beim Abschneiden aber gut 10 cm lang, damit du es später problemlos vernähen kannst.

MASCHEN AN EINER SEITENKANTE AUFNEHMEN

Werden Maschen aus einer Seitenkante eines Strickstücks aufgefasst, ist diese Besonderheit zu beachten: Gestrickte Maschen sind meistens breiter als hoch.

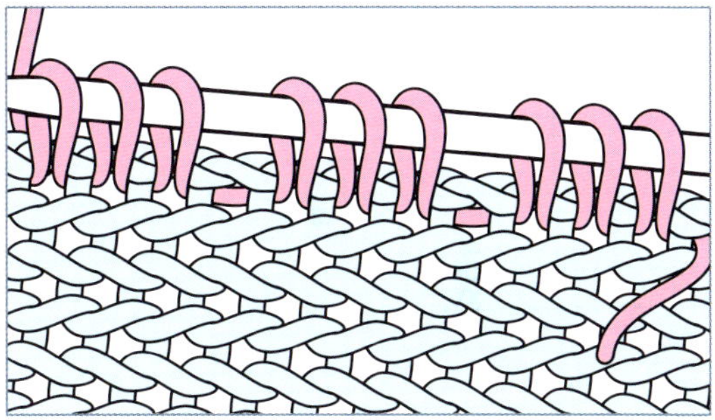

Wird aus jeder gestrickten Reihe eine Masche aufgenommen, wird die angestrickte Reihe zu breit. Es entstünde eine Rüsche. Für das Anstricken von Blenden ist es empfehlenswert, zuvor einen Nahtrand zu stricken. Er ergibt für jede Reihe eine feste Masche, aus der gut herausgestrickt werden kann.

TEILE IM MASCHENSTICH VERBINDEN

Maschenstich an geschlossenen Kanten: Arbeite den Maschenstich von rechts nach links. Zu Beginn stichst du von hinten in die Mitte der unteren ersten Masche. Führe dann die Nadel unter den beiden Maschengliedern der darüberliegenden Masche des oberen Teils durch. Anschließend stichst du von oben in die Mitte der ersten unteren Masche und führst die Nadel vorn aus der Mitte der links danebenliegenden Masche wieder aus. Nun die zwei Maschenschenkel der darüberliegenden nächsten Masche ergreifen und in dieser Weise bis zum linken Rand weiterarbeiten.

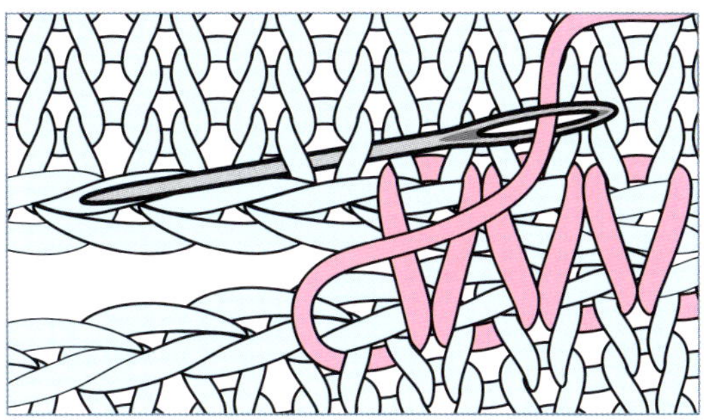

IM MASCHENSTICH STICKEN

Die glatt rechts gestrickten Maschen werden mit diesem Stich ganz einfach imitiert bzw. in der gleichen Form überstickt. Verwende dazu ein Garn, das in etwa der Stärke des für das Strickstück verwendeten entspricht. So werden die Stiche gut sichtbar, decken die darunterliegenden Maschen ab, machen das Strickstück aber nicht wulstig. Der Maschenstich kann zum einen für das Einsticken von Mustern, zum anderen aber auch für die Korrektur innerhalb von Farbmustern verwendet werden.

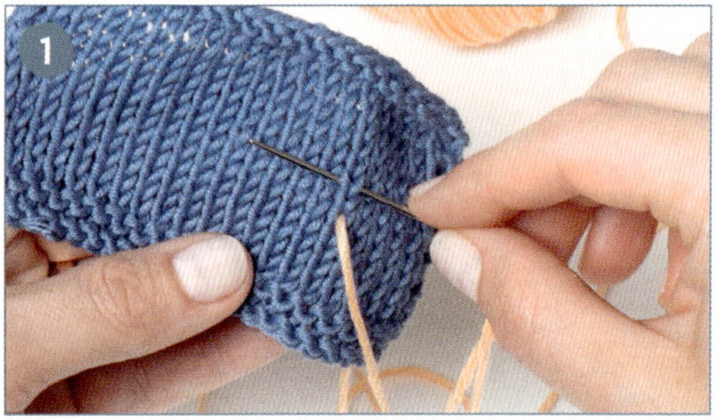

Der Maschenstich wird von rechts nach links gearbeitet. An der unteren Spitze der zu bestickenden Masche von hinten nach vorne durchstechen. Die Nadel von rechts nach links durch beide Schenkel der darüberliegenden Masche stechen.

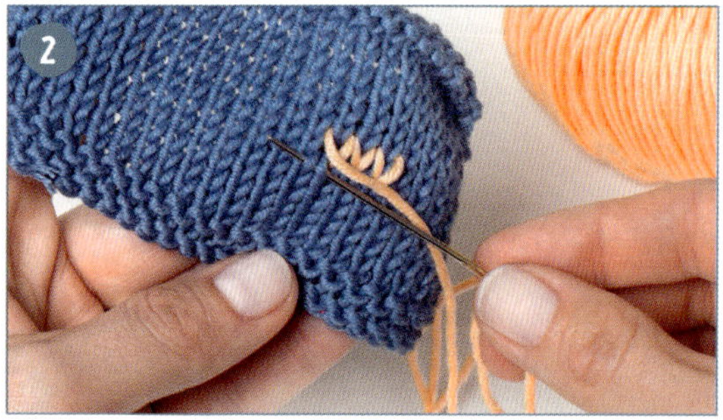

Dann in die letzte Ausstichstelle an der unteren Spitze der Masche einstechen und von hinten nach vorne durch die untere Spitze der nächsten Masche nach vorne stechen.

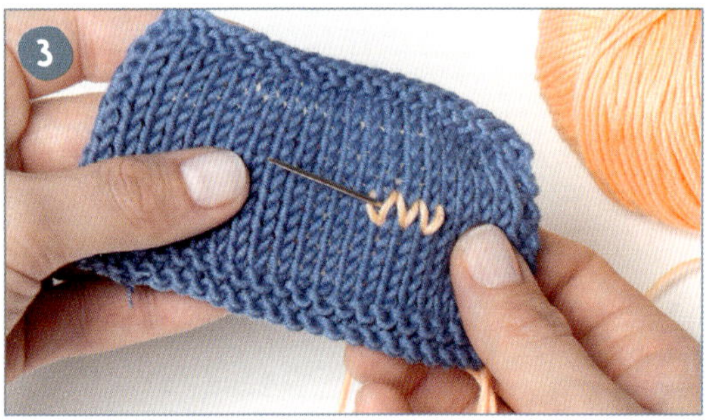

In diesem Fall wird der Maschenstich von unten nach oben gearbeitet. Nach demselben Prinzip vorgehen: den Faden zunächst von hinten nach vorne durch die untere Spitze der Masche stechen.

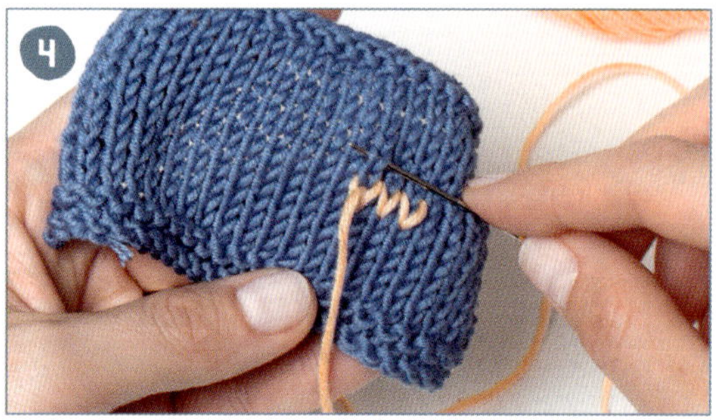

Dann von rechts nach links durch die darüberliegenden Maschenschenkel stechen.

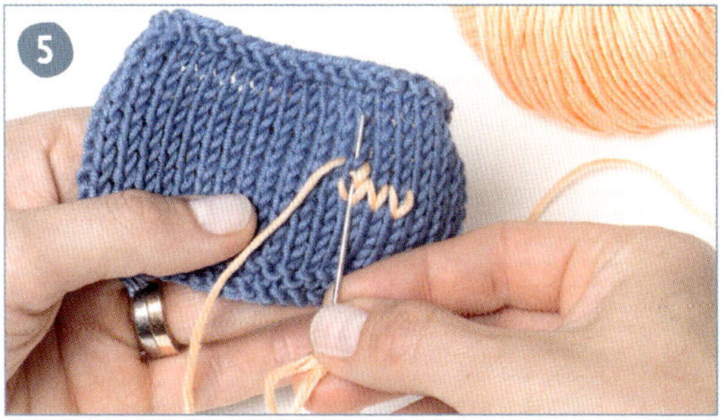

Den Vorgang an der darüberliegenden Masche wiederholen.

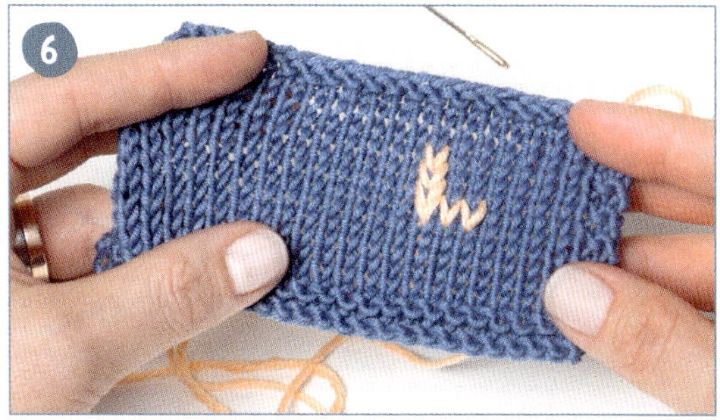

Die Fadenenden werden auf der Rückseite möglichst dezent vernäht.

ABKÜRZUNGEN

abk = abketten

anschl = anschlagen

Fb = Farbe

fM = feste Masche(n)

Km = Kettmasche(n)

LL = Lauflänge

Lm = Luftmasche(n)

M = Masche(n)

Nd = Nadel

R = Reihe(n)

Rd = Runde(n)

RM = Randmasche(n)

Stb = Stäbchen

str = stricken

U = Umschlag

wdh = wiederholen

zun = zunehmen

zusstr = zusammenstricken

ELCH BEN

GRÖSSE

Höhe: 36 cm

MATERIAL

- **Hobbii Mega Ball Aran** (100 % Acryl, LL 700 m/400 g) in Beach (Fb 28), ca. 100 g (für Kopf, Körper, Maul, Ohren, Arme, Beine), und in Gold (Fb 04), ca. 30 g (für das Geweih)
- **Schöller & Stahl Zimba Fix** (80 % Schurwolle, 20 % Polyamid, LL 87 m/50 g) in Braun meliert (Fb 59), ca. 20 g (für die Hufe)
- **Lana Grossa Mc Wool Merino Mix** (50 % Merino-Schurwolle, 50 % Acryl, LL 100 m/50 g) in Petrol (Fb 114), ca. 30 g (für die Hose)
- **Schachenmayr Catania** (100 % Baumwolle, LL 63 m/50 g) in Marsalarot (Fb 396), ca. 10 g (für das Halstuch)
- 2 Nadelspiele 3,5 mm (evtl. nur 1 Nadelspiel 3,5 und einen Hilfsfaden zum Stilllegen von Maschen)
- 2 Sicherheitsaugen, ø 14 mm
- Füllwatte
- Wollnadel
- Stickgarn in Weiß und Schwarz (für Details)

MASCHENPROBE

Glatt rechts mit Hobbii Mega Ball Aran und Nd 3,5 mm: 25 M und 34 R = 10 x 10 cm

GRUNDMUSTER

- Glatt rechts in Rd: Alle M rechts str.
- Glatt rechts in R: In Hin-R rechte M, in Rück-R linke M str.
- Bündchenmuster: 1 M rechts, 1 M links im Wechsel str.

HINWEIS

Wenn nicht anders angegeben, wird auf 4 Nd in Rd glatt rechts gestrickt.
„Alle M str" heißt immer „Alle M rechts str", „1 M str" heißt „1 M rechts str" usw. „2 M zusstr" heißt immer „2 M rechts zusstr".
In der Regel sind die Angaben PRO Nd gemacht. Wird auf den 4 Nd unterschiedlich gearbeitet, so wird das gesondert aufgeführt.
Wenn keine Nd-Zahl dahinter in Klammern steht, gilt die Angabe für alle 4 Nd.

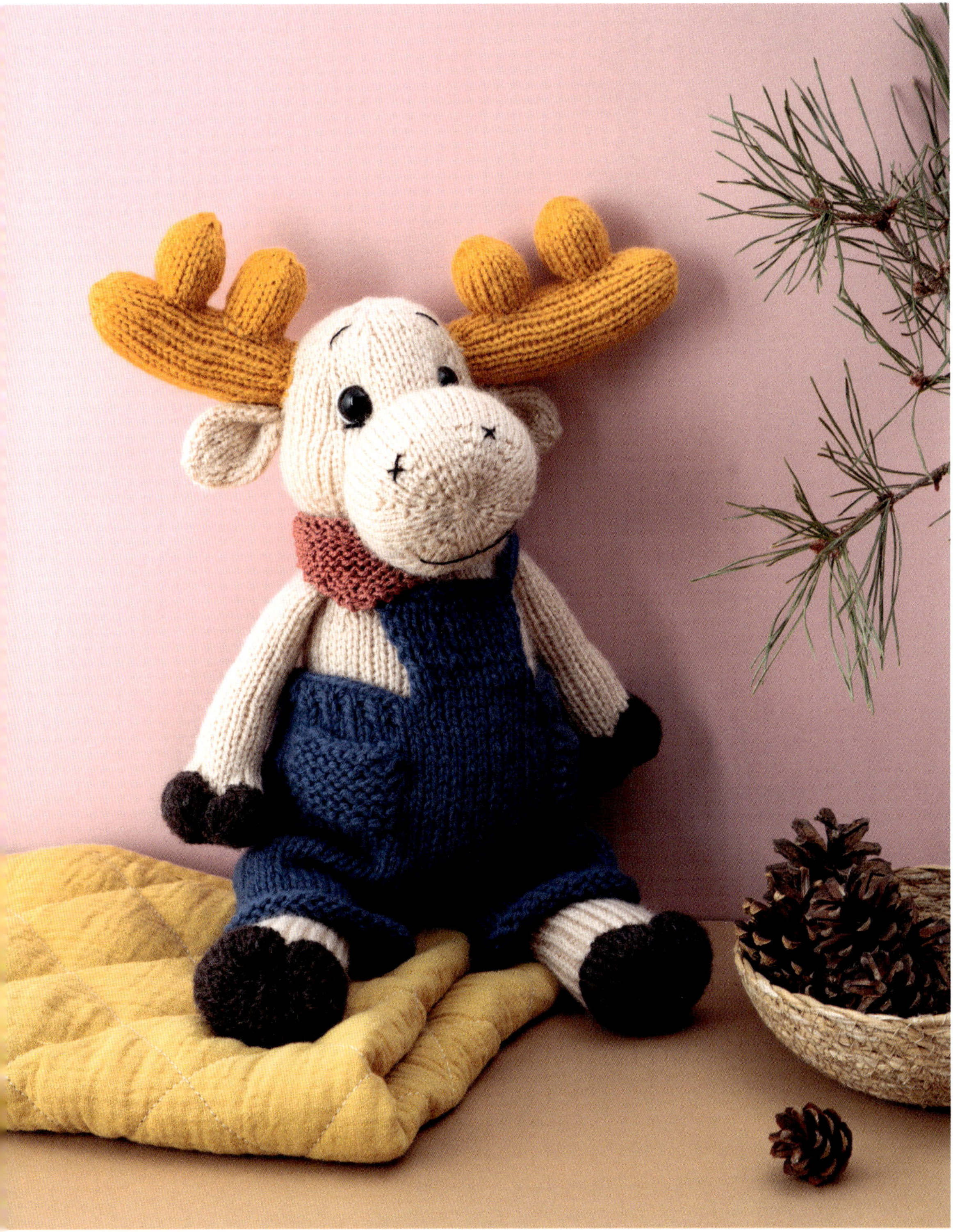

LOS GEHT'S

KOPF UND KÖRPER (1X, IN BEACH)

4 M pro Nd anschl (= 16 M).
1. Rd: Alle M str.
2. Rd: 1 M str, 1 M zun, 2 M str, 1 M zun, 1 M str (= 24 M).
3. Rd: Alle M str.
4. Rd: 2 M str, 1 M zun, 2 M str, 1 M zun, 2 M str (= 32 M).
5. Rd: Alle M str.
6. Rd: 2 M str, 1 M zun, 4 M str, 1 M zun, 2 M str (= 40 M).
7. Rd: Alle M str.
8. Rd: 3 M str, 1 M zun, 4 M str, 1 M zun, 3 M str (= 48 M).
9. und 10. Rd: Alle M str.
11. Rd: 3 M str, 1 M zun, 6 M str, 1 M zun, 3 M str (= 56 M).
12.–17. Rd: Alle M str.
18. Rd: 3 M str, 1 M zun, 8 M str, 1 M zun, 3 M str (= 64 M).
19.–27. Rd: Alle M str.
28. Rd: 3 M str, 2 M zusstr, 6 M str, 2 M zusstr, 3 M str (= 56 M).
29.–33. Rd: Alle M str.
34. Rd: 3 M str, 2 M zusstr, 4 M str, 2 M zusstr, 3 M str (= 48 M).
35.–38. Rd: Alle M str.
39. Rd: 2 M str, 2 M zusstr, 4 M str, 2 M zusstr, 2 M str (= 40 M).
40.–42. Rd: Alle M str.
43. Rd: 2 M str, 2 M zusstr, 2 M str, 2 M zusstr, 2 M str (= 32 M).
44.–47. Rd: Alle M str.
48. Rd: 3 M str, 2 M zusstr, 3 M str (= 28 M).
49.–52. Rd: Alle M str.
Den Körper mit Füllwatte ausstopfen.
53. Rd: 2 M str, 1 M zun, 3 M str, 1 M zun, 2 M str (= 36 M).
54. Rd: Alle M str.
55. Rd: 3 M str, 1 M zun, 3 M str, 1 M zun, 3 M str (= 44 M).
56. Rd: Alle M str.
57. Rd: 3 M str, 1 M zun, 5 M str, 1 M zun, 3 M str (= 52 M).
58.–65. Rd: Alle M str.
66. Rd: 3 M str, 2 M zusstr, 3 M str, 2 M zusstr, 3 M str (= 44 M).
67.–73. Rd: Alle M str.
74. Rd: 2 M str, 2 M zusstr, 3 M str, 2 M zusstr, 2 M str (= 36 M).
75.–77. Rd: Alle M str.
78. Rd: 1 M str, 2 M zusstr, 3 M str, 2 M zusstr, 1 M str (= 28 M).
79.–80. Rd: Alle M str.
81. Rd: 1 M str, 2 M zusstr, 1 M str, 2 M zusstr, 1 M str (= 20 M).
Die Augen einsetzen. Dafür zählst du von der Mitte des Kopfes 11 R nach unten, dann jeweils 6 M nach links und 6 M nach rechts. Prüfe erst, ob dir der Sitz der Augen gefällt, bevor du sie befestigst. Fülle den Kopf mit Watte.
82.–83. Rd: Alle M str.
84. Rd: 2 M zusstr, 1 M str, 2 M zusstr (= 12 M).
Schneide nun den Faden ab. Nimm deine Woll-Nd und ziehe damit den Faden durch alle M auf deinen Nd. Ziehe den Faden fest, so schließt sich das Loch. Vernähe den Faden gut, sodass er sich nicht mehr lösen kann.
Schließe nun noch die Öffnung an der Unterseite des Körpers mit ein paar einfachen Stichen.

MAUL (1X, IN BEACH)

3 M pro Nd anschl (= 12 M).
1. Rd: Alle M str.
2. Rd: 1 M str, 1 M zun, 2 M str (= 16 M).
3. Rd: Alle M str.
4. Rd: 1 M str, 1 M zun, 2 M str, 1 M zun, 1 M str (= 24 M).
5. Rd: Alle M str.
6. Rd: 1 M str, 1 M zun, 4 M str, 1 M zun, 1 M str (= 32 M).
7. Rd: Alle M str.
8. Rd: 2 M str, 1 M zun, 4 M str, 1 M zun, 2 M str (= 40 M).
9. Rd: Alle M str.
10. Rd: 2 M str, 1 M zun, 6 M str, 1 M zun, 2 M str (= 48 M).
11.–18. Rd: Alle M str.
19. Rd: 2 M str, 2 M zusstr, 1 M str, 2 M zusstr, 1 M str, 2 M zusstr, 2 M str (= 36 M).

20.–22. Rd: Alle M str.
23. Rd: Alle M abk.
Das kleine Anfangsloch zunähen. Die Schnauze mit Füllwatte ausstopfen, am Kopf feststecken und annähen. **☛ siehe Bild 1**

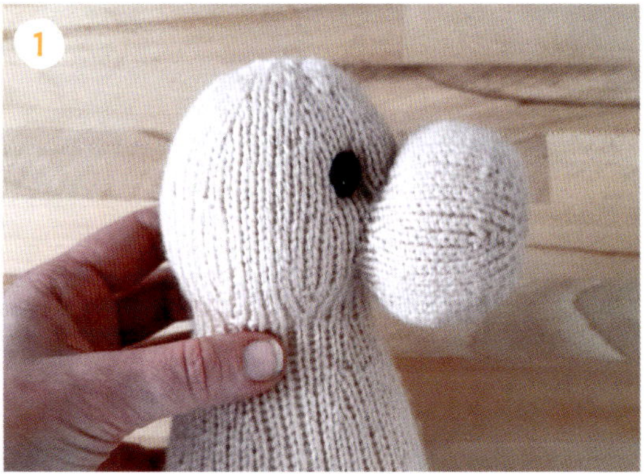

Jetzt noch die Augenhöhlen formen. Dazu benötigst du einen Faden in Beach und eine lange Vernäh-Nd. Stich unterhalb des Mauls ein und führe die Nadel am unteren Rand des linken Auges heraus. Stich nun ca.1 M versetzt wieder ein und führe die Nadel dann am unteren Rand des rechten Auges heraus. Ziehe den Faden fest. Je nach gewünschter Tiefe der Augenhöhle wiederholst du diesen Vorgang noch ein- oder zweimal. Wichtig ist, dass du den Faden gut festziehst und dann vernähst. **☛ siehe Bild 2**

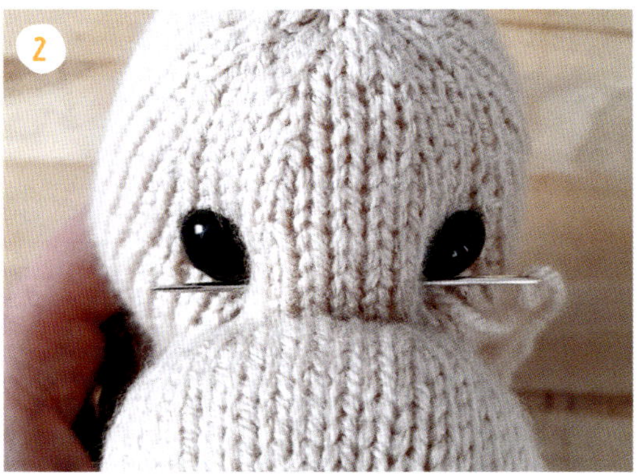

OHREN (2X, IN BEACH)

4 M pro Nd anschl (= 16 M).
1.–8. Rd: Alle M str.
9. Rd: 1 M str, 2 M zusstr, 1 M str (= 12 M).
10.–11. Rd: Alle M str.
12. Rd: Nd 1 + 3: 1 M str, 2 M zusstr, Nd 2 + 4: 2 M zusstr, 1 M str (= 8 M).
Faden abschneiden und in die Vernäh-Nd einfädeln. Faden durch alle M auf den Nd ziehen. Ziehe den Faden fest, so schließt sich das Loch. Faden gut vernähen. Nun das Ohr an der geraden Kante zur Hälfte legen und mit ein paar Stichen zusammennähen. **☛ siehe Bild 3**

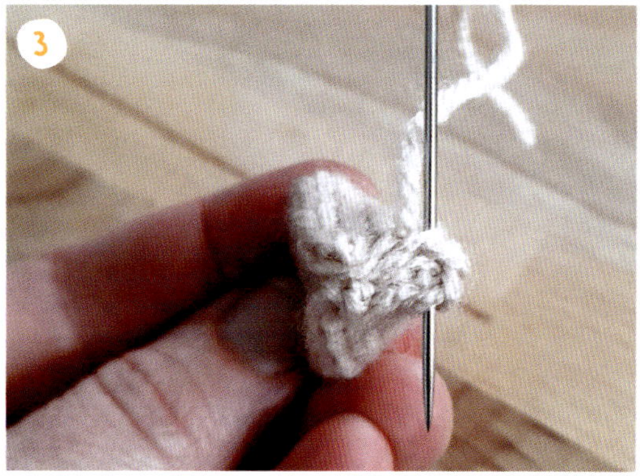

GEWEIH (2X, IN GOLD)

Jede Geweihstange besteht insgesamt aus drei Geweihstücken.

Kurzes Geweihstück (2x)

4 M pro Nd anschl (= 16 M).
1.–8. Rd: Alle M str.
9. Rd: 2x 2 M zusstr (= 8 M).
Faden abschneiden und in die Vernäh-Nd einfädeln. Faden durch alle M auf den Nd ziehen. Ziehe den Faden fest, so schließt sich das Loch. Faden gut vernähen.

Langes Geweihstück (1x)

4 M pro Nd anschl (= 16 M).
1.–28. Rd: Alle M str.
29. Rd: 2x 2 M zusstr (= 8 M).
Faden abschneiden und in die Vernäh-Nd einfädeln. Faden durch alle M auf den Nd ziehen.

Ziehe den Faden fest, so schließt sich das Loch. Faden gut vernähen. ☛ siehe Bild 4

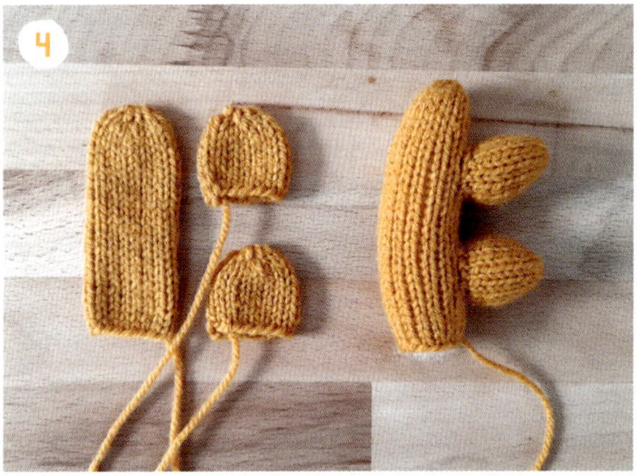

Sind alle Geweihstücke fertiggestellt, werden die einzelnen Teile mit Füllwatte ausgestopft. Nähe nun je zwei kurze Geweihstücke an ein langes.

ARME (2X, IN BEACH UND BRAUN MELIERT)

In Beach je 3 M anschl auf Nd 1 + 2, je 4 M anschl auf Nd 3 + 4 (= 14 M).
1.–33. Rd: Alle M str.
Zu Braun meliert wechseln.
34. Rd: Alle M str.
35. Rd: Nd 1 + 2: 1 M str, 1 M zun, 1 M str, 1 M zun, 1 M str, Nd 3 + 4: 2 M str, 1 M zun, 2 M str (= 20 M).
36. Rd: Alle M str.
37. Rd: Nd 1 + 2: 2 M str, 1 M zun, 1 M str, 1 M zun, 2 M str, Nd 3: 3 M str, 1 M zun, 2 M str, Nd 4: 2 M str, 1 M zun, 3 M str (= 26 M).
38.–40. Rd: Alle M str.
41. Rd: Nd 1 + 2: alle M str, Nd 3 + 4: 2 M str, 2 M zusstr, 2 M str (= 24 M).
42. Rd: Nd 1 + 2: 2 M zusstr, 3 M str, 2 M zusstr, Nd 3 + 4: 2 M zusstr, 1 M str, 2 M zusstr (= 16 M).
43. Rd: Alle M str.
44. Rd: Nd 1 + 2: 2 M zusstr, 1 M str, 2 M zusstr, Nd 3: 2 M zusstr, 1 M str, Nd 4: 1 M str, 2 M zusstr (= 10 M).
45. Rd: Alle M str.
Die Arme zu zwei Dritteln mit Füllwatte füllen. Nun die Hufe formen. Dazu nimmst du einen Faden in Braun meliert und deine Vernäh-Nd. Stich in der unteren Mitte des Hufs ein und am Rand zwischen Bein und Huf wieder aus.
☛ siehe Bild 5

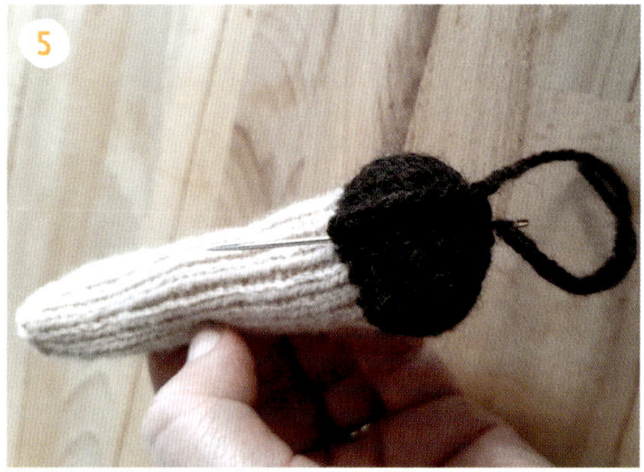

Nun erneut in der unteren Mitte einstechen und an der vorherigen Stelle oben wieder ausstechen. Ziehe den Faden fest an. Wiederhole diesen Vorgang noch zweimal. ☛ siehe Bild 6

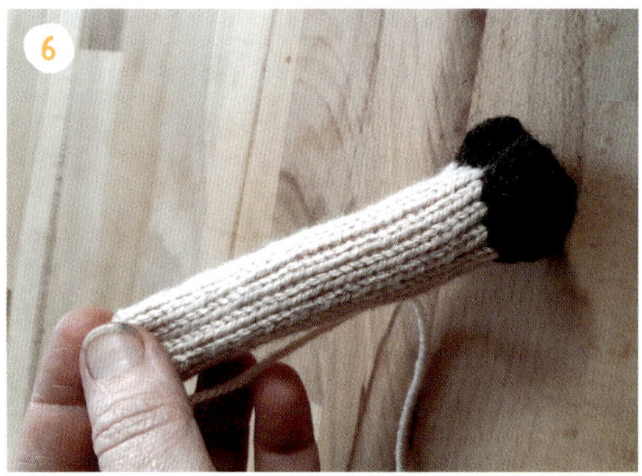

BEINE (2X, IN BEACH UND BRAUN MELIERT)

In Beach 5 M pro Nd anschl (= 20 M).
1.–35. Rd: Alle M str.
Zu Braun meliert wechseln.
36. Rd: Alle M str.
37. Rd: Nd 1 + 2: 1 M str, 1 M zun, 3 M str, 1 M zun, 1 M str, Nd 3 + 4: alle M str (= 24 M).
38. Rd: Nd 1: 2 M str, 1 M zun, 2 M str, 1 M zun, 2 M str, 1 M zun, 1 M str, Nd 2: 1 M str, 1 M zun, 2 M str, 1 M zun, 2 M str, 1 M zun, 2 M str, Nd 3: 3 M str, 1 M zun, 2 M str. Nd 4: 2 M str, 1 M zun, 3 M str (= 32 M).

39.–44. Rd: Alle M str.
45. Rd: Nd 1 + 2: 1 M str, 2 M zusstr, 1 M str, 2 M zusstr, 1 M str, 2 M zusstr, 1 M str, Nd 3 + 4: 3x 2 M zusstr (= 20 M).
46. Rd: Alle M str.
47. Rd: Nd 1 + 2: 1 M str, 2 M zusstr, 1 M str, 2 M zusstr, 1 M str, Nd 3 + 4: alle M str (= 16 M).
48. Rd: Alle M str.
49. Rd: Nd 1 + 2: 2 M zusstr, 1 M str, 2 M zusstr, Nd 3 + 4: alle M str (= 12 M).
50. Rd: 2 M zusstr, 1 M str (= 8 M).
Zu zwei Dritteln mit Füllwatte austopfen. Die Hufe ausformen, wie bei den Armen beschrieben.

SCHWANZ (IN BEACH)

3 M pro Nd anschl (= 12 M)
1.–10. Rd: Alle M str.
Faden abschneiden und in die Vernäh-Nd einfädeln. Faden durch alle M auf den Nd ziehen. Ziehe den Faden fest, so schließt sich das Loch. Faden gut vernähen.

HOSE (IN BLAU)

Hosenbein (2x)

8 M pro Nd anschl (= 32 M).
1.–15. Rd: Alle M str.
Nimm nun ein zweites Nd-Spiel in 3,5 mm. Wenn du keines hast, kannst du auch alle M auf einem Hilfsfaden stilllegen. Das zweite Hosenbein ebenso str. ☛ **siehe Bild 7**

7
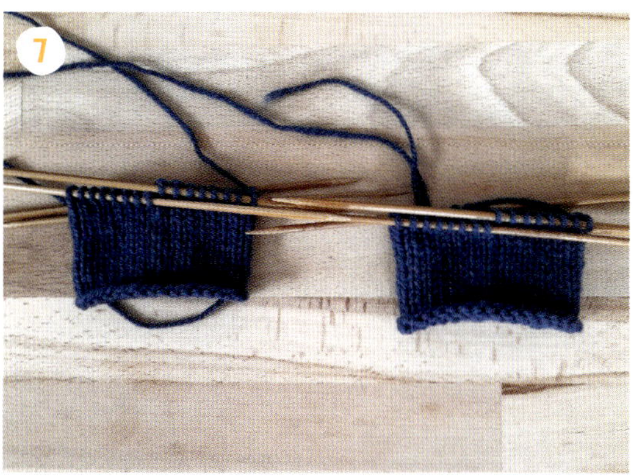

Nun nimmst du beide Hosenbeine zusammen auf 4 Nd und teilst die M wie folgt ein:

Nd 1 + 3 = 22 M.
Nd 2 + 4 = 10 M.
☛ **siehe Bild 8 und 9**

8
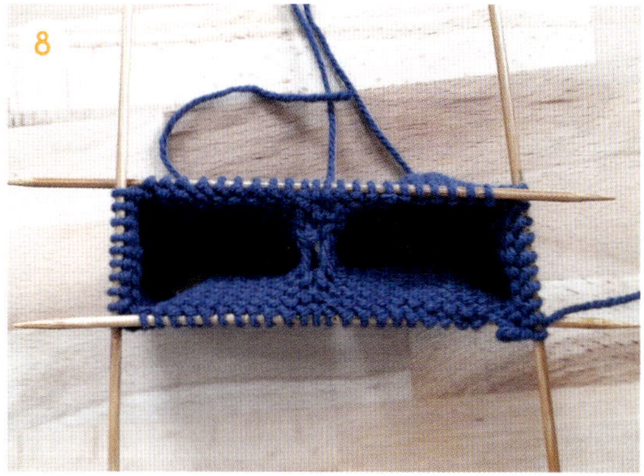

9
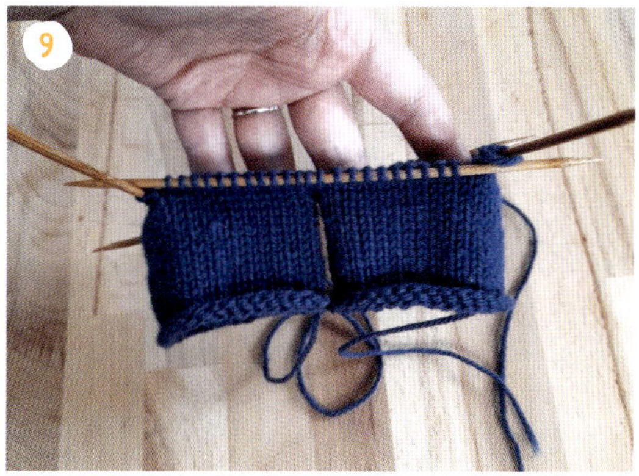

16.–27. Rd: Alle M str.
28. Rd: Nd 1 + 2: alle M str, Nd 3: 8 M str, 6 M abk, 8 M str, Nd 4: alle M str (= 58 M).
29. Rd: Nd 1 + 2: alle M str, Nd 3: 8 M str, 6 M aufschlingen, 8 M str, Nd 4: alle M str (= 64 M).
30.–37. Rd: Alle M str.
38. Rd: Nd 1: *1 M rechts, 1 M links*, ab * 3x str, 10 M rechts, *1 M rechts, 1 M links*, ab * 3x str, Nd 2, 3 + 4: im Bündchenmuster str.
39. Rd: Wie die 38. Rd str.
40. Rd: 6 M abk, 10 M str, diese 10 M nun auf einer Nd oder einem Hilfsfaden ruhen lassen und die restlichen M der Rd ebenfalls abk.
Nun wird über die verbliebenen 10 M in R glatt rechts gestrickt.

1.–9. R: Glatt rechts str.
10. R: Alle M abk.
Schließe nun das Loch zwischen den Hosenbeinen im Zwickel mit dem M-Stich.
Gratuliere, die Hose ist fast fertig. Jetzt geht es an die Hosenträger.

Hosenträger (2x)

Dafür schlägst du 30 M an und kettest sie anschließend ab.

Hosentaschen (2x)

Für die Hosentaschen 8 M anschl und 12 R glatt rechts str. Alle M abk. Die Taschen auf die Hose nähen.

DREIECKTUCH (IN MARSALAROT)

Es wird in R glatt rechts gestrickt.
50 M anschl.
1. R (Rück-R): Alle M links str.
2. R (Hin-R): 2 M rechts zusstr, alle M rechts str, bis noch 2 M übrig sind, 2 M rechts zusstr.
3. R: Die 2. R wdh, bis nur noch 2 M übrig sind. Schneide jetzt den Faden ab und ziehe ihn durch die 2 M. Den Faden gut vernähen.

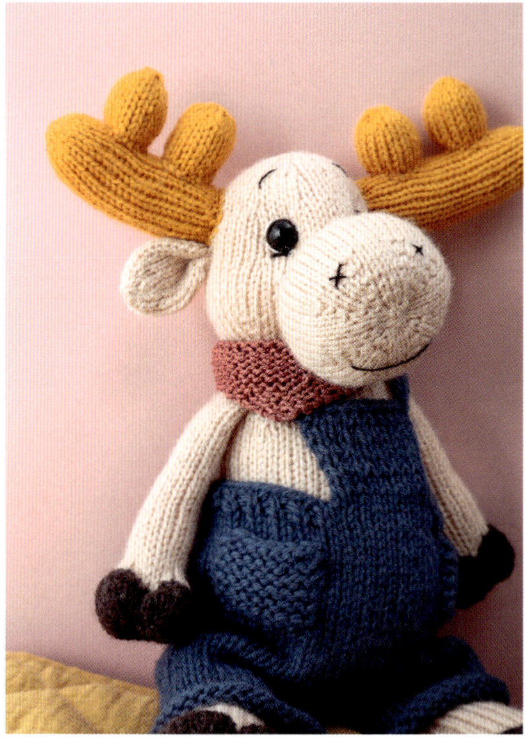

FERTIGSTELLUNG

Füge nun die Einzelteile des Elchs (Körper, Arme, Beine, Schwanz und Ohren) zusammen. Ich empfehle dir, alle Teile erst mit Stecknadeln zu fixieren. Positioniere alles so lange neu, bis es dir gefällt, und nähe es erst dann an. Mit dem Stickgarn kannst du noch schwarze und weiße Akzente bei den Augen setzen. Sticke noch zwei kleine Linien als Augenbrauen auf. Ziehe deinem Elch die Latzhose an und nähe die Träger mit wenigen, einfachen Stichen fest. Nimm nun das Dreiecktuch, lege es dem Elch um den Hals und nähe es mit 2–3 einfachen Stichen zusammen oder nähe einen Druckknopf an.

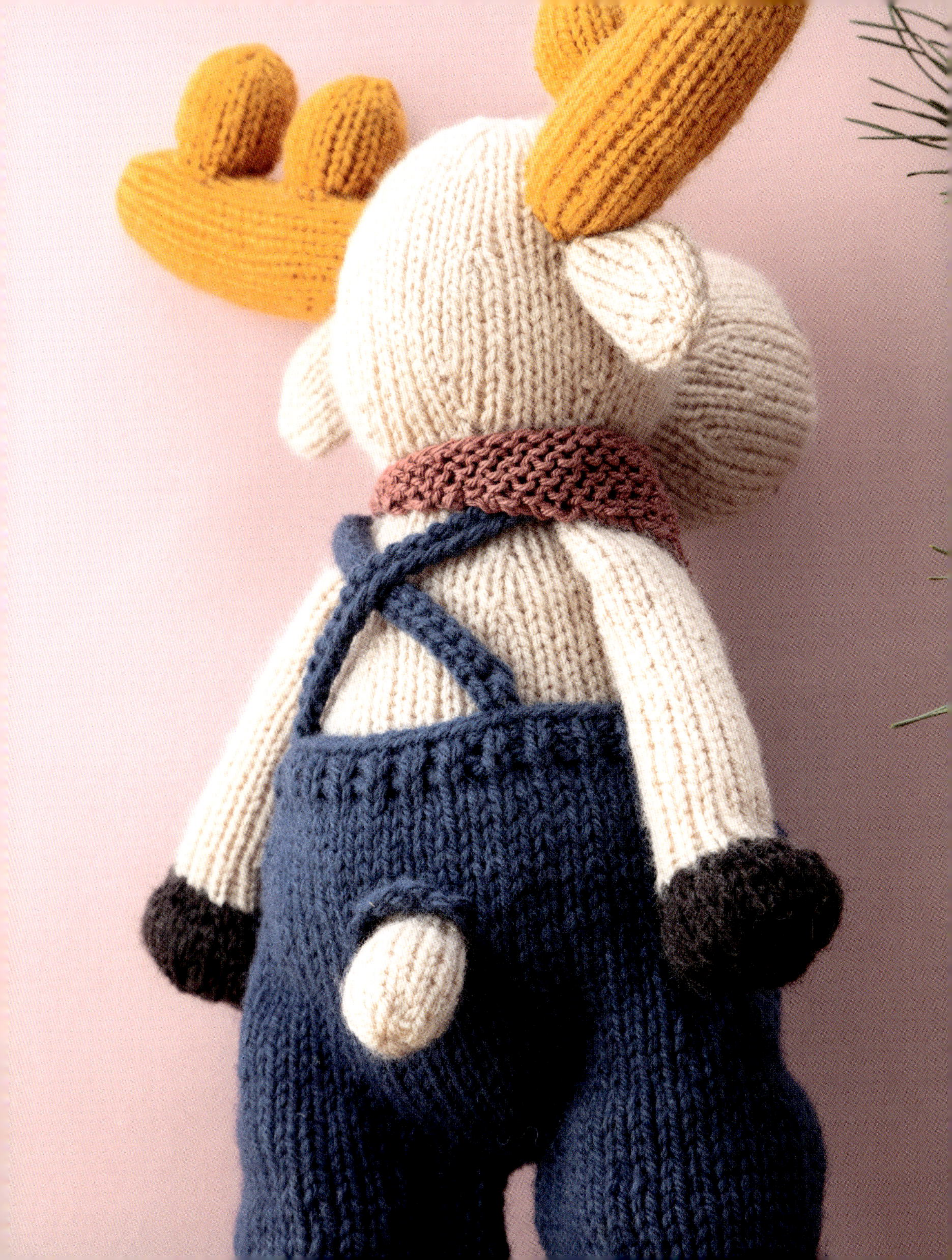

EULE ELSA

GRÖSSE

Höhe: 25 cm

MATERIAL

- **Katia Concept Mohair Cotton** (70 % Baumwolle, 30 % Mohair, LL 225 m/50 g) in Aubergine (Fb 80), ca. 100 g (für Körper, Kopf, Ohren, Flügel und Schwanz), und in Orangebraun (Fb 73), ca. 40 g (für Schnabel und Krallen)
- **Rico Design Baby Merino** (100 % Schurwolle, LL 100 m/25 g) in Beige (Fb 03), ca. 15 g (für Brustfleck und Augenfleck außen)
- **Schachenmayr Baby Smiles Lenja Soft** (100 % Polyester, LL 85 m/25 g) in Weiß (Fb 1001), ca. 10 g (für die Halskrause)
- **Schöller & Stahl Zimba Fix** (80 % Schurwolle, 20 % Polyamid, LL 87 m/50 g) in Weiß (Fb 20), ca. 5 g (für Augenfleck innen)
- Nadelspiel 3,5 mm
- Häkelnadel 3,5 mm
- 2 Sicherheitsaugen, ø 14 mm
- Füllwatte
- Vernähnadel

MASCHENPROBE

Glatt rechts mit doppeltem Faden Katia Concept Mohair Cotton und Nd 3,5 mm: 18 M und 28 R = 10 x 10 cm

GRUNDMUSTER

- Glatt rechts in Rd: Alle M rechts str.
- Glatt rechts in R: In Hin-R rechte M, in Rück-R linke M str.
- Kraus rechts in R: In Hin- und Rück-R rechte M str.
- Bündchenmuster: 1 M rechts, 1 M links im Wechsel str.

HINWEIS

Wenn nicht anders angegeben, wird auf 4 Nd in Rd glatt rechts gestrickt.
„Alle M str" heißt immer „Alle M rechts str", „1 M str" heißt „1 M rechts str" usw. „2 M zusstr" heißt immer „2 M rechts zusstr".
In der Regel sind die Angaben PRO Nd gemacht. Wird auf den 4 Nd unterschiedlich gearbeitet, so wird das gesondert aufgeführt.
Wenn keine Nd-Zahl dahinter in Klammern steht, gilt die Angabe für alle 4 Nd.

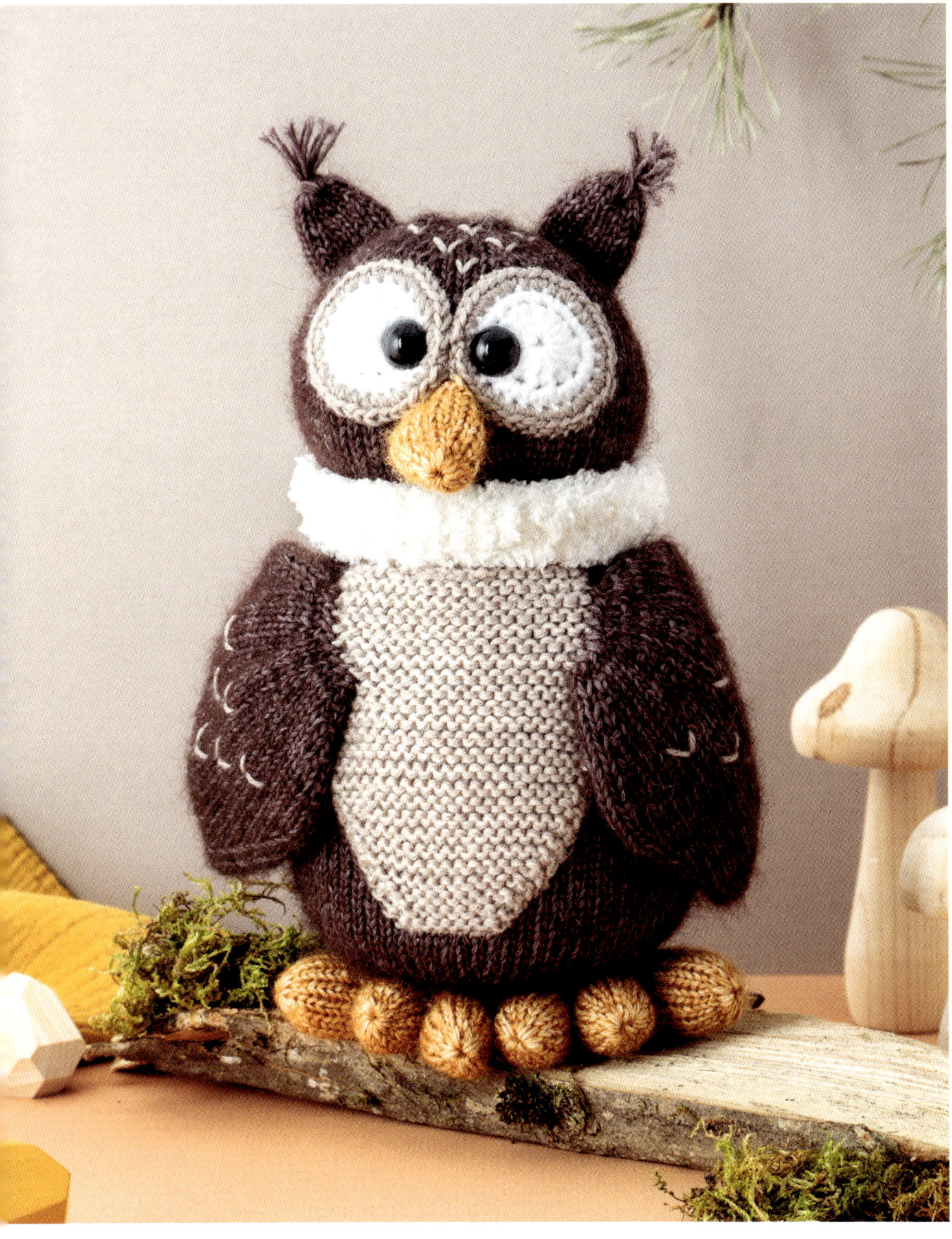

LOS GEHT'S

KÖRPER (1X, IN AUBERGINE DOPPELFÄDIG)

4 M pro Nd anschl (= 16 M).
1. Rd: Alle M str.
2. Rd: 1 M str, 1 M zun, 2 M str, 1 M zun, 1 M str (= 24 M).
3.–4. Rd: Alle M str.
5. Rd: 1 M str, 1 M zun, 4 M str, 1 M zun, 1 M str (= 32 M).
6.–7. Rd: Alle M str.
8. Rd: 2 M str, 1 M zun, 4 M str, 1 M zun, 2 M str (= 40 M).
9.–10. Rd: Alle M str.
11. Rd: 2 M str, 1 M zun, 6 M str, 1 M zun, 2 M str (= 48 M).
12.–13. Rd: Alle M str.
14. Rd: 3 M str, 1 M zun, 6 M str, 1 M zun, 3 M str (= 56 M).
15.–16. Rd: Alle M str.
17. Rd: 3 M str, 1 M zun, 8 M str, 1 M zun, 3 M str (= 64 M).
18.–19. Rd: Alle M str.
20. Rd: 4 M str, 1 M zun, 8 M str, 1 M zun 4 M str (= 72 M).
21.–22. Rd: Alle M str.
23. Rd: 4 M str, 1 M zun, 10 M str, 1 M zun, 4 M str (= 80 M).
24.–58. Rd: Alle M str.
59. Rd: 3 M str, 2 M zusstr, 10 M str, 2 M zusstr, 3 M str (= 72 M).
60. Rd: Alle M str.
61. Rd: 3 M str, 2 M zusstr, 8 M str, 2 M zusstr, 3 M str (= 64 M).
62. Rd: Alle M str.
63. Rd: 2 M str, 2 M zusstr, 8 M str, 2 M zusstr, 2 M str (= 56 M).
64. Rd: Alle M str.
65. Rd: 2 M str, 2 M zusstr, 6 M str, 2 M zusstr, 2 M str (= 48 M).
66. Rd: Alle M str.
67. Rd: 1 M str, 2 M zusstr, 6 M str, 2 M zusstr, 1 M str (= 40 M).
68. Rd: 1 M str, 2 M zusstr, 4 M str, 2 M zusstr, 1 M str (= 32 M).
69. Rd: 1 M str, 2 M zusstr, 2 M str, 2 M zusstr, 1 M str (= 24 M).
Den Körper mit Füllwatte ausstopfen.
70. Rd: 1 M str, 2x 2 M zusstr, 1 M str (= 16 M).
71. Rd: Alle M str.
Schneide nun den Faden ab. Nimm deine Vernäh-Nd und ziehe damit das Fadenende durch alle M auf deinen Nd. Ziehe den Faden fest, so schließt sich das Loch. Vernähe den Faden gut, sodass er sich nicht mehr lösen kann.

KOPF (1X, IN AUBERGINE DOPPELFÄDIG)

4 M pro Nd anschl (= 16 M).
1. Rd: Alle M str.
2. Rd: 1 M str, 1 M zun, 2 M str, 1 M zun, 1 M str (= 24 M).
3. Rd: Alle M str.
4. Rd: 1 M str, 1 M zun, 4 M str, 1 M zun, 1 M str (= 32 M).
5.–6. Rd: Alle M str.
7. Rd: 2 M str, 1 M zun, 4 M str, 1 M zun, 2 M str (= 40 M).
8.–9. Rd: Alle M str.
10. Rd: 2 M str, 1 M zun, 6 M str, 1 M zun, 2 M str (= 48 M).
11.–14. Rd: Alle M str.
15. Rd: 3 M str, 1 M zun, 6 M str, 1 M zun, 3 M str (= 56 M).
16.–19. Rd: Alle M str.
20. Rd: 4 M str, 1 M zun, 6 M str, 1 M zun, 4 M str (= 64 M).
21.–32. Rd: Alle M str.
33. Rd: 3 M str, 2 M zusstr, 6 M str, 2 M zusstr, 3 M str (= 56 M).
34.–35. Rd: Alle M str.
36. Rd: 3 M str, 2 M zusstr, 4 M str, 2 M zusstr, 3 M str (= 48 M).
37. Rd: 2 M str, 2 M zusstr, 4 M str, 2 M zusstr, 2 M str (= 40 M).
38. Rd: Alle M str.
39. Rd: Alle M abk.
Den Kopf mit Füllwatte ausstopfen.
Nun den Kopf an den Körper nähen.

FLÜGEL (2X, IN AUBERGINE DOPPELFÄDIG)

5 M pro Nd anschl (= 20 M).
1. Rd: Alle M str.
2. Rd: 1 M str, 1 M zun, 3 M str, 1 M zun, 1 M str (=28 M).

3. Rd: Alle M str.
4. Rd: 1 M str, 1 M zun, 5 M str, 1 M zun, 1 M str (= 36 M).
5.–6. Rd: Alle M str.
7. Rd: 1 M str, 1 M zun, 7 M str, 1 M zun, 1 M str (= 44 M).
8.–10. Rd: Alle M str.
11. Rd: 1 M str, 1 M zun, 9 M str, 1 M zun, 1 M str (= 52 M).
12.–18. Rd: Alle M str.
19. Rd: Nd 1 + 3: 1 M str, 2 M zusstr, 10 M str, Nd 2+ 4: 10 M str, 2 M zusstr, 1 M str (= 48 M).
20.–22. Rd: Alle M str.
23. Rd: Nd 1 + 3: 1 M str, 2 M zusstr, 9 M str, Nd 2+ 4: 9 M str, 2 M zusstr, 1 M str (= 44 M).
24.–26. Rd: Alle M str.
27. Rd: Nd 1 + 3: 1 M str, 2 M zusstr, 8 M str, Nd 2 + 4: 8 M str, 2 M zusstr, 1 M str (= 40 M)
28.–31. Rd: Alle M str.
32. Rd: Nd 1 + 3: 1 M str, 2 M zusstr, 7 M str, Nd 2 + 4: 7 M str, 2 M zusstr, 1 M str (= 36 M)
33.–35. Rd: Alle M str.
36. Rd: 1 M str, 2 M zusstr, 3 M str, 2 M zusstr, 1 M str (= 28 M).
37.–39. Rd: Alle M str.
40. Rd: 1 M str, 2 M zusstr, 1 M str, 2 M zusstr, 1 M str (= 20 M).
41.–43. Rd: Alle M str.
44. Rd: 2 M zusstr, 1 M str, 2 M zusstr (= 12 M).
45.–47. Rd: Alle M str.
Schneide nun den Faden ab. Nimm deine Vernäh-Nd und ziehe damit das Fadenende durch alle M auf deinen Nd. Ziehe den Faden fest, so schließt sich das Loch. Vernähe den Faden gut, sodass er sich nicht mehr lösen kann.

OHREN (2X, IN AUBERGINE DOPPELFÄDIG)

4 M pro Nd anschl (= 16 M).
1.–5. Rd: Alle M str.
6. Rd: 1 M str, 2 M zusstr, 1 M str (= 12 M).
7.–10. Rd: Alle M str.
Den Faden abschneiden. Das Fadenende in die Vernäh-Nd einfädeln und durch alle M ziehen. Faden festziehen, bis sich das Loch schließt. Faden gut vernähen.

SCHWANZ (1X, IN AUBERGINE DOPPELFÄDIG)

7 M pro Nd anschl (= 28 M).
1.–2. Rd: Alle M str.
3. Rd: Nd 1 + 3: 1 M str, 1 M zun, 6 M str, Nd 2 + 4: 6 M str, 1 M zun, 1 M str (= 32 M).
4.–8. Rd: Alle M str.
9. Rd: Nd 1 + 3: 1 M str, 1 M zun, 7 M str, Nd 2 + 4: 7 M str, 1 M zun, 1 M str (= 36 M).
10.–14. Rd: Alle M str.
15. Rd: Alle M abk.
Die Öffnung längs zunähen.

HALSKRAUSE (1X, IN WEISS)

Es wird in R kraus rechts gestrickt.
18 M pro Nd anschl (= 18 M).
1.–92. R: Kraus rechts str.
93. R: Alle M abk.
Die kurzen Seiten im M-Stich zus-nähen, dann das Teil auf links drehen.

SCHNABEL (1X, IN ORANGEBRAUN DOPPELFÄDIG)

4 M pro Nd anschl (= 16 M)
1.–6. Rd: Alle M str.
7. Rd: 1 M str, 2 M zusstr, 1 M str (= 12 M).
8.–9. Rd: Alle M str.
Den Faden abschneiden. Das Fadenende in die Vernäh-Nd einfädeln und durch alle M ziehen. Faden festziehen, bis sich das Loch schließt. Faden gut vernähen.

KRALLEN (2X, IN ORANGEBRAUN DOPPELFÄDIG)

Eine Kralle besteht aus drei Krallenteilen: einem langen und zwei kurzen.

Kurze Kralle (2x):
Je 3 M anschl auf Nd 1 + 3, je 4 M anschl auf Nd 2 + 4 (= 14 M).
1.–14. Rd: Alle M str.

Lange Kralle (1x):
Je 3 M anschl auf Nd 1 + 3, je 4 M anschl auf Nd 2 + 4 (= 14 M).
1.–31. Rd: Alle M str.

Den Faden jeweils abschneiden. Das Fadenende in die Vernäh-Nd einfädeln und durch alle M ziehen. Faden festziehen, bis sich das Loch schließt. Faden gut vernähen.
Nun die Krallenteile zusammennähen.
☛ **siehe Bild 1**

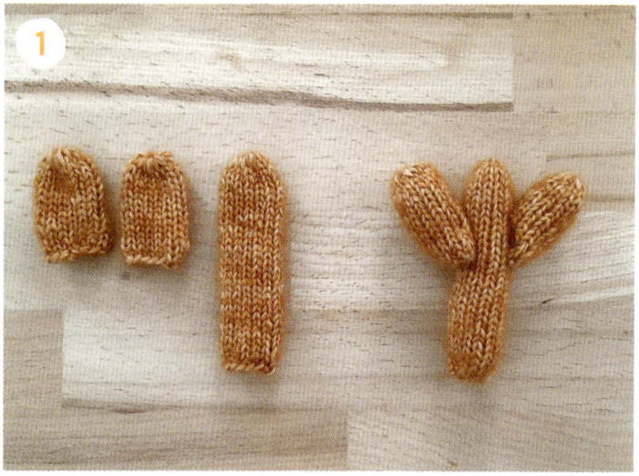

BRUSTFLECK (1X, IN BEIGE DOPPELFÄDIG)

Es wird in R kraus rechts gestrickt.
20 M anschl (= 20 M).
1.–4. R: Alle M str.
5. R: 1 M str, 1 M zun, 18 M str, 1 M zun, 1 M str (= 22 M).
6.–28. R: Alle M str.
29. R: 1 M str, 2 M zusstr, 16 M str, 2 M zusstr, 1 M str (= 20 M).
30.–32. R: Alle M str.
33. R: 1 M str, 2 M zusstr, 14 M str, 2 M zusstr, 1 M str (= 18 M).
34.–36. R: Alle M str.
37. R: 1 M str, 2 M zusstr, 12 M str, 2 M zusstr, 1 M str (= 16 M).
38 R: Alle M str.
39. R: 1 M str, 2 M zusstr, 10 M str, 2 M zusstr, 1 M str (= 14 M).
40. R: Alle M str.
41. R: 1 M str, 2 M zusstr, 8 M str, 2 M zusstr, 1 M str (= 12 M).
42. R: Alle M str.
43. R: 1 M str, 2 M zusstr, 6 M str, 2 M zusstr, 1 M str (= 10 M).
44. R: Alle M str.45. R: 1 M str, 2 M zusstr, 4 M str, 2 M zusstr, 1 M str (= 8 M).
45. R: Alle M str.
46. R: Alle M abk.
Den Brustfleck auf den Körper nähen.

AUGENFLECK (2X, IN WEISS UND BEIGE)

Mit einfachem Faden häkeln.
In Weiß 4 Lm anschl.
1. Rd: 12 Stb in die 4. Lm von der Nd aus arbeiten, 1 Km in das 1. Stb (= 12 M).
2. Rd: 1 Lm, 2 fM in jede M (= 24 M).
Zu Beige wechseln.
3. Rd: 1 Lm, *2 fM in 1 M, 1 fM*, von * bis * wdh bis Rd-Ende, 1 Km in die 1. fM.
Die Augen einsetzen: seitlich zwischen 2 Stb, jedoch noch nicht schließen! ☛ **siehe Bild 2**

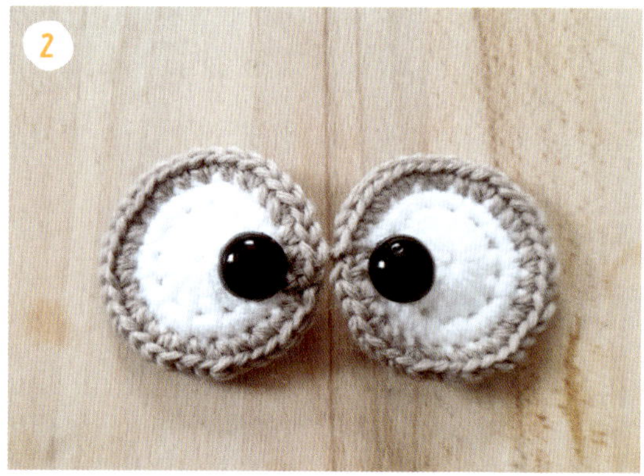

Nun die Augen auch noch durch den Kopf stechen. Erst jetzt den Verschluss daraufstecken. Dann die Augen an den Kopf nähen. ☛ **siehe Bild 3**

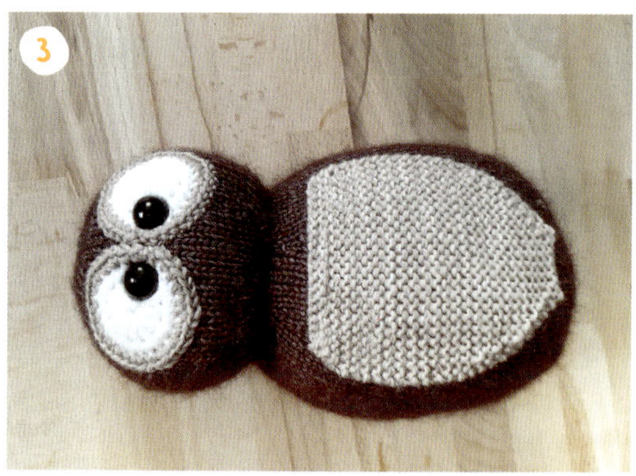

FERTIGSTELLUNG

Füge nun die restlichen Einzelteile der Eule zusammen (Ohren, Schnabel, Halskrause, Flügel, Krallen und Schwanz). Ich empfehle dir, alle Teile erst mit Stecknadeln zu fixieren. Positioniere alles so lange neu, bis es dir gefällt, und nähe es erst dann an. Wenn du möchtest, kannst du auf Kopf, Flügel und Schwanz noch ein paar Stiche in V-Form aufsticken.

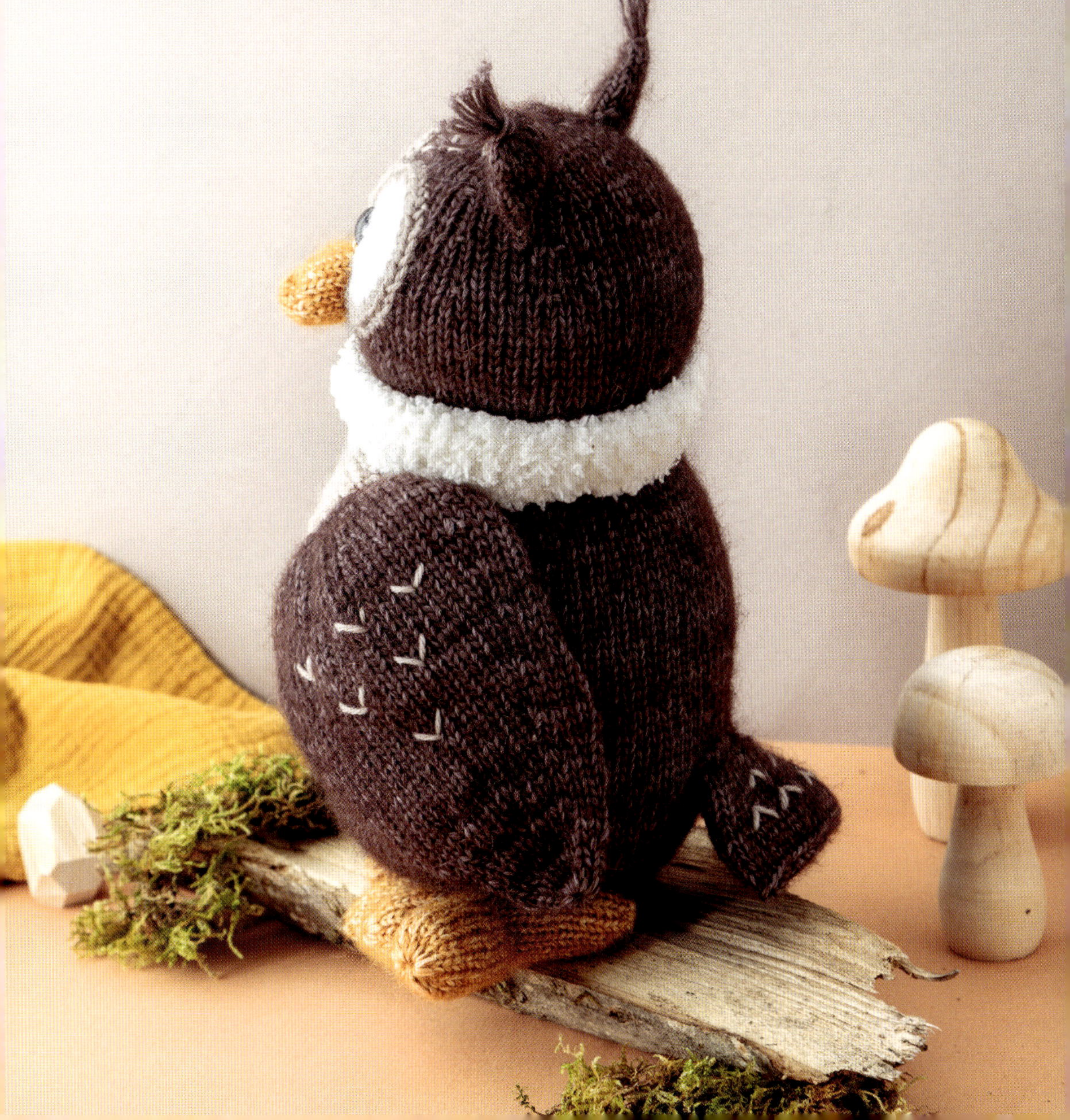

WOLF IWAN

GRÖSSE

Höhe: 40 cm

MATERIAL

- **Schöller & Stahl Zimba Fix** (80 % Schurwolle, 20 % Polyamid, LL 87 m/50 g) in Flanell meliert (Fb 6017), ca. 80 g (für Kopf, Körper, Oberseite Schnauze, Außenteil Ohren, Arme, Beine und Schwanz) und in Weiß (Fb 20), ca. 30 g (für Schnauze, Tatzen, Innenohr, Schwanzspitze und Bauchfleck und den unteren Teil vom Kopf)
- **Katia Concept Mohair Cotton** (70 % Baumwolle, 30 % Mohair, LL 225 m/50 g) in Aubergine (Fb 80), ca. 30 g (für die Hose)
- **Schachenmayr Catania** (100 % Baumwolle, LL 125 m/50 g) in Jaffa (Fb 189) und Apfel (Fb 205), je ca. 20 g (für das Shirt)
- Nadelspiel 3,5 mm
- Rundstricknadel 3,0 mm (für die Hose)
- 2 Sicherheitsaugen, ø 14 mm
- Füllwatte
- Vernähnadel
- Stickgarn in Weiß und Schwarz (für Details der Augen und die Nasenspitze)

MASCHENPROBE

Glatt rechts mit Schöller & Stahl Zimba Fix und Nd 3,5 mm: 25 M und 34 R = 10 x 10 cm

GRUNDMUSTER

- Glatt rechts in Rd: Alle M rechts str.
- Glatt rechts in R: In Hin-R rechte M, in Rück-R linke M str.
- Kraus rechts in R: In Hin- und Rück-R rechte M str.
- Bündchenmuster: 1 M rechts, 1 M links im Wechsel str.

HINWEIS

Wenn nicht anders angegeben, wird auf 4 Nd in Rd glatt rechts gestrickt.
„Alle M str" heißt immer „Alle M rechts str", „1 M str" heißt „1 M rechts str" usw. „2 M zusstr" heißt immer „2 M rechts zusstr".
In der Regel sind die Angaben PRO Nd gemacht. Wird auf den 4 Nd unterschiedlich gearbeitet, so wird das gesondert aufgeführt.
Wenn keine Nd-Zahl dahinter in Klammern steht, gilt die Angabe für alle 4 Nd.

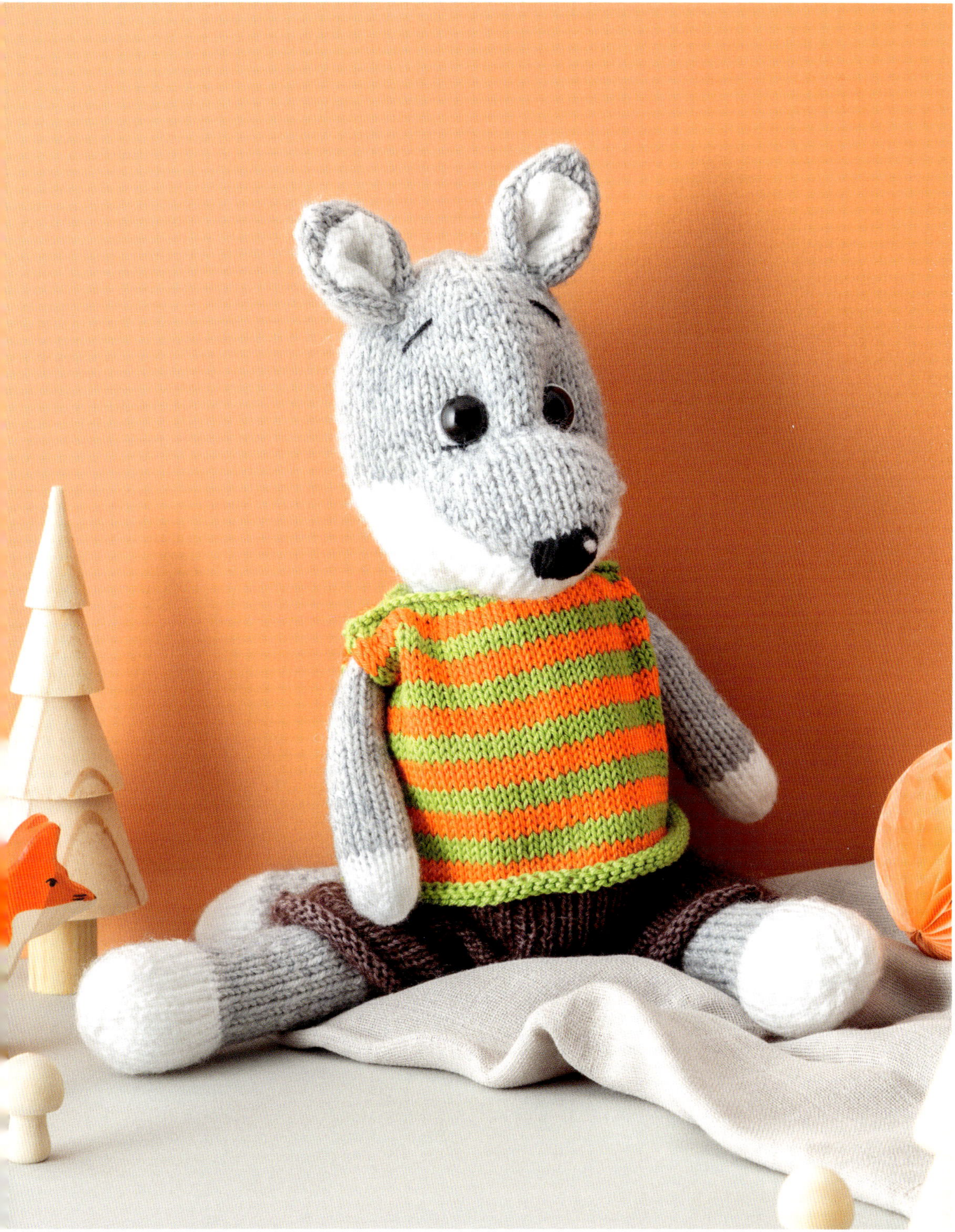

LOS GEHT'S

KOPF UND KÖRPER (1X, IN FLANELL MELIERT UND WEISS)

In Flanell meliert 4 M pro Nd anschl (= 16 M).
1. Rd: Alle M str.
2. Rd: 1 M str, 1 M zun, 2 M str, 1 M zun, 1 M str (= 24 M).
3. Rd: Alle M str.
4. Rd: 2 M str, 1 M zun, 2 M str, 1 M zun, 2 M str (= 32 M).
5.–6. Rd: Alle M str.
7. Rd: 2 M str, 1 M zun, 4 M str, 1 M zun, 2 M str (= 40 M).
8.–10. Rd: Alle M str.
11. Rd: 2 M str, 1 M zun, 6 M str, 1 M zun, 2 M str (= 48 M).
12.–21. Rd: Alle M str.
22. Rd: 3 M str, 1 M zun, 6 M str, 1 M zun, 3 M str (= 56 M).
23.–24. Rd: Alle M str.
Zu Weiß wechseln.
25.–26. Rd: Alle M str.
27. Rd: 2 M str, 2 M zusstr, 6 M str, 2 M zusstr, 2 M str (= 48 M).
28.–30. Rd: Alle M str.
31. Rd: 2 M str, 2 M zusstr, 4 M str, 2 M zusstr, 2 M str (= 40 M).
32.–33. Rd: Alle M str.
34. Rd: 2 M str, 2 M zusstr, 2 M str, 2 M zusstr, 2 M str (= 32 M).
35.–36. Rd: Alle M str.
37. Rd: 1 M str, 2 M zusstr, 2 M str, 2 M zusstr, 1 M str (= 24 M).
38. Rd: 1 M str, 2x 2 M zusstr, 1 M str (= 16 M)
Zu Flanell meliert wechseln.
39.–40. Rd: Alle M str.
Die Augen einsetzen. Dafür zählst du von der Linie, wo sich Flanell meliert und Weiß treffen, vom weißen Teil (zwischen Nd 1 + 2) 7 M nach oben ins Flanell meliert. Dieser Punkt ist dein Ausgangspunkt. Von dort zählst du jeweils 5 M nach links und 5 M nach rechts. Dort befestigst du jeweils die Augen.
41. Rd: 1 M str, 1 M zun, 2 M str, 1 M zun, 1 M str (= 24 M).
42. Rd: Alle M str.
43. Rd: 1 M str, 1 M zun, 4 M str, 1 M zun, 1 M str (= 32 M).
44. Rd: Alle M str.
45. Rd: 2 M str, 1 M zun, 4 M str, 1 M zun, 2 M str (= 40 M).
46.–47. Rd: Alle M str.
48. Rd: 2 M str, 1 M zun, 6 M str, 1 M zun, 2 M str (= 48 M).
49.–58. Rd: Alle M str.
59. Rd: 3 M str, 1 M zun, 6 M str, 1 M zun, 3 M str (= 56 M).
60.–74. Rd: Alle M str.
75. Rd: 2 M str, 2 M zusstr, 6 M str, 2 M zusstr, 2 M str (= 48 M)
76.–80. Rd: Alle M str.
81. Rd: 2 M str, 2 M zusstr, 4 M str, 2 M zusstr, 2 M str (= 40 M)
82.–83. Rd: Alle M str.
84. Rd: 2 M str, 2 M zusstr, 2 M str, 2 M zusstr, 2 M str (= 32 M)
85.–86. Rd: Alle M str.
Nun Kopf und Körper mit Füllwatte ausstopfen.
87. Rd: 1 M str, 2 M zusstr, 2 M str, 2 M zusstr, 1 M str (= 24 M)
88. Rd: Alle M str.
89. Rd: 3x 2 M zusstr (= 12 M)
Schneide nun den Faden ab. Nimm deine Vernäh-Nd und ziehe damit den Faden durch alle M auf deinen Nd. Ziehe den Faden fest, so schließt sich das Loch. Vernähe den Faden gut, sodass er sich nicht mehr lösen kann.
Schließe nun noch die Öffnung am Kopf mit ein paar einfachen Stichen. ☛ **siehe Bild 1**

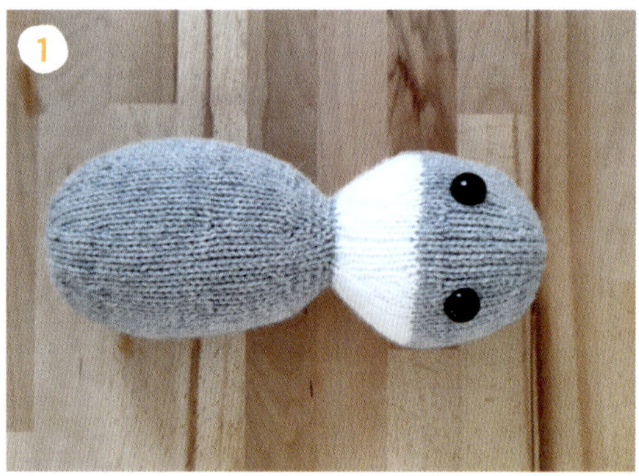
1

SCHNAUZE

Die Schnauze besteht aus zwei gleichen Teilen, wobei ein Teil in Flanell meliert, das zweite in Weiß gestrickt wird.

Es wird in R glatt rechts gestrickt
20 M anschl (= 20 M).
1.–4. R: Glatt rechts str.
5. R: RM, 2 M zusstr, 14 M str, 2 M zusstr, RM (=18 M).
6. R: Linke M str.
7.–16. R: Die 5. und 6. R 5x wdh (= 8 M).
17. R: Alle M abk.
☛ **siehe Bild 2**

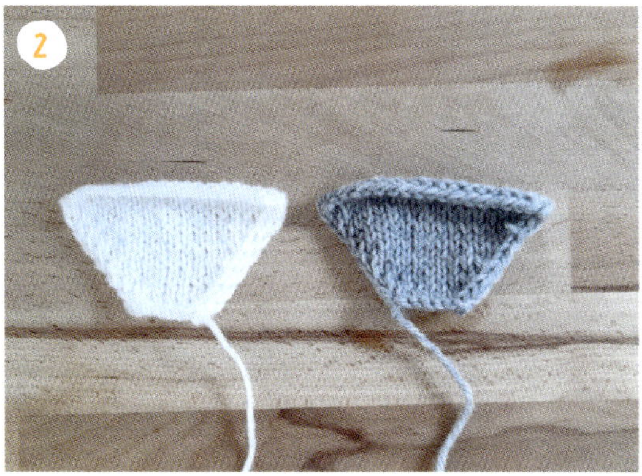

Lege die beiden Teile nun links auf links und nähe sie an den Längsseiten im M-Stich zusammen. Stopfe die Schnauze mit Füllwatte aus und positioniere sie am Kopf des Wolfs. Stecke sie zuerst mit Stecknadeln fest und nähe sie erst an, wenn dir die Position der Schnauze gefällt. ☛ **siehe Bild 3**

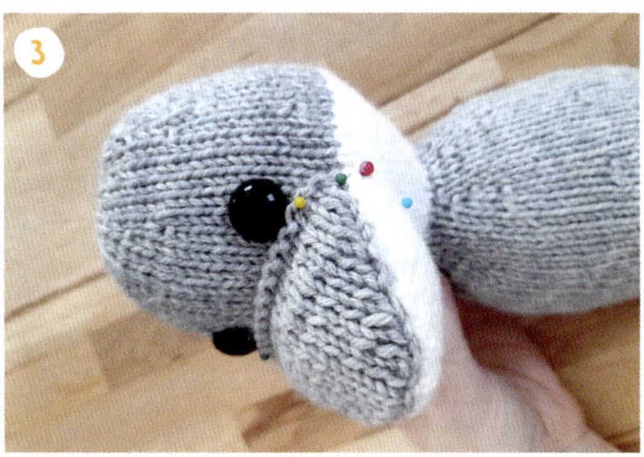

Jetzt noch die Augenhöhlen formen. Forme die Augenhöhlen, wie beim Elch auf Seite 19 beschrieben. Jetzt stickst du noch die Nasenspitze und die Augenbrauen in Schwarz auf. Sticke außerdem noch zwei Linien in Weiß um die äußere Rundung der Augen, um das Augenweiß anzudeuten.

AUSSENSEITE OHREN (2X, IN FLANELL MELIERT)

6 M pro Nd anschl (= 24 M).
1.–6. Rd: Alle M str.
7. Rd: 2 M zusstr, 2 M str, 2 M zusstr (= 16 M).
8.–11. Rd: Alle M str.
12. Rd: 2x 2 M zusstr (= 8 M).
13. Rd: Alle M str.
Den Faden abschneiden, in die Vernäh-Nd einfädeln und durch die verbleibenden M auf den Nd ziehen. Den Faden gut festziehen, um das Loch zu schließen, und das Ende gut vernähen.

INNENSEITE OHREN (2X, IN WEISS)

Es wird in R glatt rechts gestrickt.
9 M anschl (= 9 M).
1.–7. R: Glatt rechts str.
8. R: 2 M zusstr, 5 M str, 2 M zusstr (= 7 M).
9. R: Linke M str.
10. R: 2 M zusstr, 3 M zusstr, 2 M zusstr (= 3 M).
Faden abschneiden und in Vernäh-Nd einfädeln. Faden durch alle M auf den Nd ziehen. Faden gut vernähen.
Lege nun jeweils eine Ohrinnenseite auf eine Ohraußenseite und nähe sie zusammen.
☛ **siehe Bild 4**

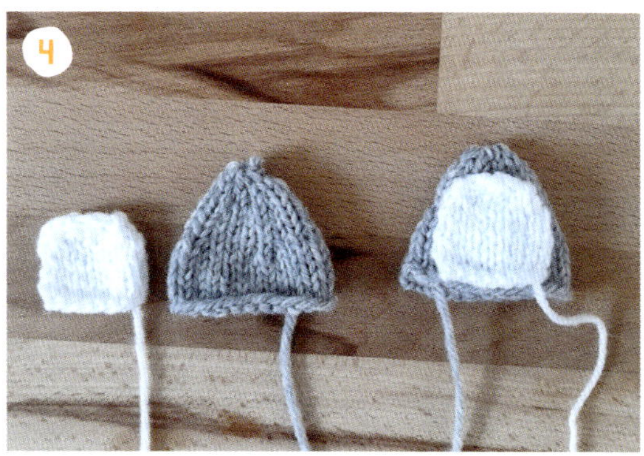

Lege die Ohren jeweils zur Hälfte und nähe sie am unteren Rand zu. Dann nähst du die Ohren an den Kopf.

BAUCHFLECK (1X, IN WEISS)

Es wird in R glatt rechts gestrickt.
7 M anschl (= 7 M).
1.–2. R: Glatt rechts str.
3. R: 1 M str, 1 M zun, 5 M str, 1 M zun, 1 M str (= 9 M).
4. R: Linke M str.
5.–10. R: Die 3. und 4. R 3x wdh (= 15 M).
11.–22. R: Glatt rechts str.
23. R: 2 M zusstr, 11 M str, 2 M zusstr (= 13 M)
24. R: Linke M str.
25. R: 2 M zusstr, 9 M str, 2 M zusstr (= 11 M)
26. R: Linke M str.
27.–28. R: Glatt rechts str.
29. R: 2 M zusstr, 7 M str, 2 M zusstr (= 9 M)
30. R: Linke M str.
31. R: 2x 2 M zusstr, 1 M str, 2x 2 M zusstr (= 5 M)
32. R: Linke M str.
33. R: Alle M abk.
Den Bauchfleck nun am Körper feststecken und festnähen. ☛ **siehe Bild 5**

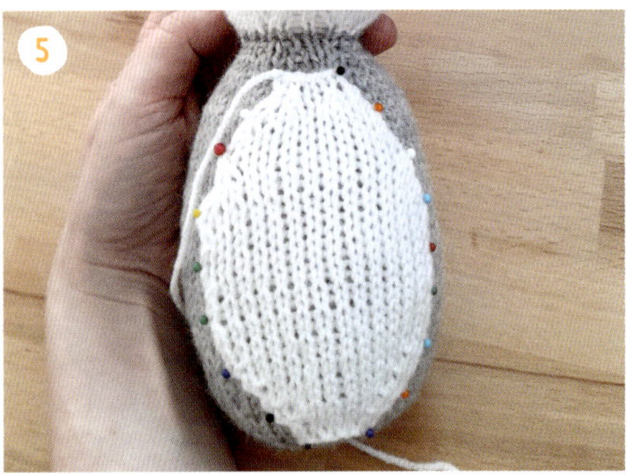

ARME (2X, IN FLANELL MELIERT UND WEISS)

Mit Flanell meliert je 3 M anschl auf Nd 1 + 3, je 4 M anschl auf Nd 2 + 4 (= 14 M).
1.–28. Rd: Alle M str.
Zu Weiß wechseln.
29.–35. Rd: Alle M str.
Den Faden abschneiden, in die Vernäh-Nd einfädeln und durch die verbleibenden M auf den Nd ziehen. Den Faden gut festziehen, um das Loch zu schließen, und das Ende gut vernähen.
Die Arme zu zwei Dritteln mit Füllwatte füllen.

BEINE (2X, IN FLANELL MELIERT UND WEISS)

In Flanell meliert 4 M pro Nd anschl (= 16 M).
1.–4. Rd: Alle M str.
5. Rd: 2 M str, 1 M zun, 2 M str (= 20 M).
6.–35. Rd: Alle M str.
Zu Weiß wechseln.
36. Rd: Alle M str.
37. Rd: 2 M str, 1 M zun, 3 M str (= 24 M).
38.–42. Rd: Alle M str.
43. Rd: 3 M str, 1 M zun, 3 M str (= 28 M).
44.–48. Rd: Alle M str.
49. Rd: 1 M str, 2 M zusstr, 1 M str, 2 M zusstr, 1 M str (= 20 M).
50. Rd: Alle M str.
51. Rd: 2 M zusstr, 1 M str, 2 M zusstr (= 12 M).
Den Faden abschneiden, in die Vernäh-Nd einfädeln und durch die verbleibenden M auf den Nd ziehen. Den Faden gut festziehen, um das Loch zu schließen, und das Ende gut vernähen.
Die Beine komplett mit Füllwatte ausstopfen.

SCHWANZ (1X, IN FLANELL MELIERT UND WEISS)

In Flanell meliert 4 M pro Nd anschl (= 16 M)
1.–2. Rd: Alle M str.
3. Rd: 2 M str, 1 M zun, 2 M str (= 20 M)
4.–17. Rd: Alle M str.
18. Rd: 3 M str, 1 M zun, 2 M str (= 24 M).
19.–21. Rd: Alle M str.
22. Rd: 2 M str, 2 M zusstr, 2 M str (= 20 M).
23.–25. Rd: Alle M str.
Zu Weiß wechseln.
26.–27. Rd: Alle M str.
28. Rd: 2 M zusstr, 3 M str (= 16 M)
29.–32. Rd: Alle M str.
33. Rd: 1 M str, 2 M zusstr, 1 M str (= 12 M)
34.–36. Rd: Alle M str.
Den Faden abschneiden, in die Vernäh-Nd einfädeln und durch die verbleibenden M auf den Nd

ziehen. Den Faden gut festziehen, um das Loch zu schließen, und das Ende gut vernähen. Den Schwanz zu zwei Dritteln mit Füllwatte füllen.

HOSE (1X, IN AUBERGINE)

Es wird in R glatt rechts gestrickt. Du benötigst alle 5 Nd von deinem Nadelspiel 3,5 mm, um die vier Teile der Hosenbeine zu stricken.

Hosenteile (4x)

22 M anschl (= 22 M)
1.–18. R: RM, glatt rechts str, RM.
Den Faden abschneiden und die M stilllegen.
☛ **siehe Bild 6**

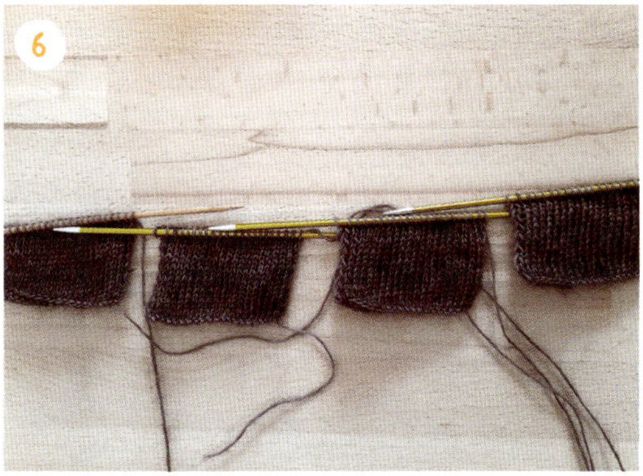
6

Nimm nun die Rundstrick-Nd 3,0 mm und arbeite wie folgt:
19. R: 3 M anschl, die 22 M vom ersten Hosenteil rechts str, die 22 M vom zweiten Hosenteil rechts str, 6 M aufschlingen, die 22 M vom dritten Hosenteil rechts str, die 22 M vom vierten Hosenteil rechts str, 3 M aufschlingen (= 100 M).
Nun glatt rechts weiterstr wie folgt, dabei mit einer Rückr (linke M) beginnen.
20.–26. R: Glatt rechts str.
27. R: *8 M str, 2 M zusstr*, von * bis * wdh bis R-Ende (= 90 M).
28.–44. R: Glatt rechts str.
45.–54. R: Im Bündchenmuster str.
55. R: Alle M abk. ☛ **siehe Bild 7**

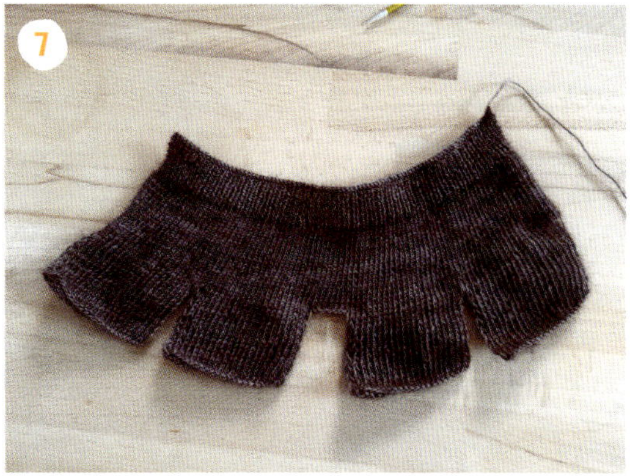
7

Lege nun das Strickstück zur Hose zusammen und nähe die offenen Seiten im M-Stich zu. Vergiss nicht, am Rücken ein Stück offen zu lassen, damit du den Schwanz des Wolfs durchstecken kannst.
☛ **siehe Bild 8**

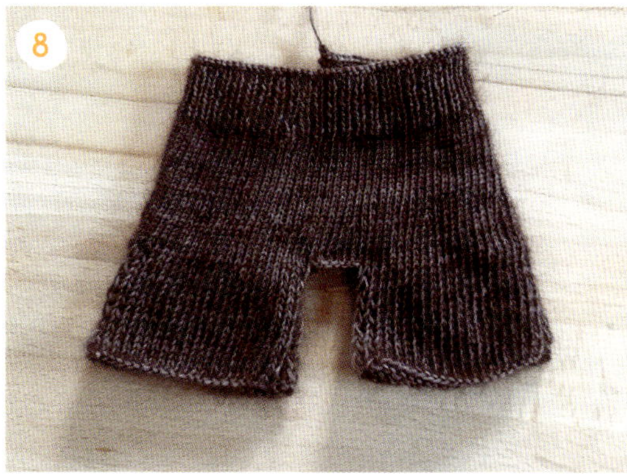
8

SHIRT (1X, IN JAFFA UND APFEL)

Das Shirt in Apfel beginnen und durchgehend jeweils 3 Rd/R in Apfel und 3 R in Jaffa im Wechsel str.
22 M pro Nd anschl (= 88 M).
1.–25. Rd: Alle M str.
26. Rd: Nd 1 + 3: 1 M str, 2 M zusstr, 19 M str, Nd 2 + 4: 19 M str, 2 M zusstr, 1 M str (= 80 M).
27.–28. Rd: Alle M str.
29. Rd: Nd 1+ 3: 1 M str, 2 M zusstr, 1 M str, 2 M zusstr, 15 M str, Nd 2 + 4: 15 M str, 2 M zusstr, 1 M str, 2 M zusstr, 1 M str (= 72 M).
30. Rd: Alle M str.

Nun über Nd 1 + 2 in R glatt rechts str. Die Farbfolge wird beibehalten.
31.–37. R: Glatt rechts str.
38. R: Nd 1: 1 M links str, 2 M links zusstr, 1 M links str, 2 M links zusstr, 13 M links str, Nd 2: 13 M links str, 2 M links zusstr, 1 M links str, 2 M links zusstr, 1 M links str (= 34 M).
39. R: Glatt rechts str.
40. R: Alle M abk.
Nun ebenso die 31.–40. R über Nd 3 + Nd 4 str.
Die Schulternähte im M-Stich schließen und schon ist das Shirt für deinen Wolf fertig.

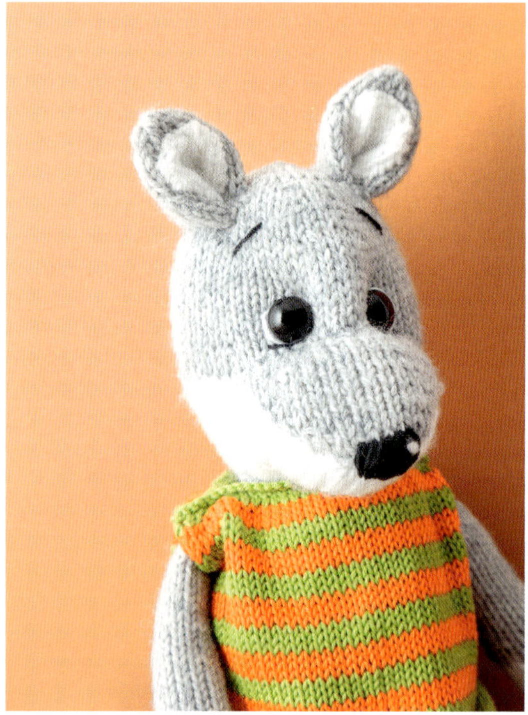

FERTIGSTELLUNG

Nähe nun noch die Arme und Beine an den Körper. Ich empfehle dir, die Teile erst mit Stecknadeln zu fixieren. Positioniere alles so lange neu, bis es dir gefällt, und nähe es erst dann an. Die restlichen Fäden vernähen.
Ziehe dem Wolf nun noch Hose und Shirt an.

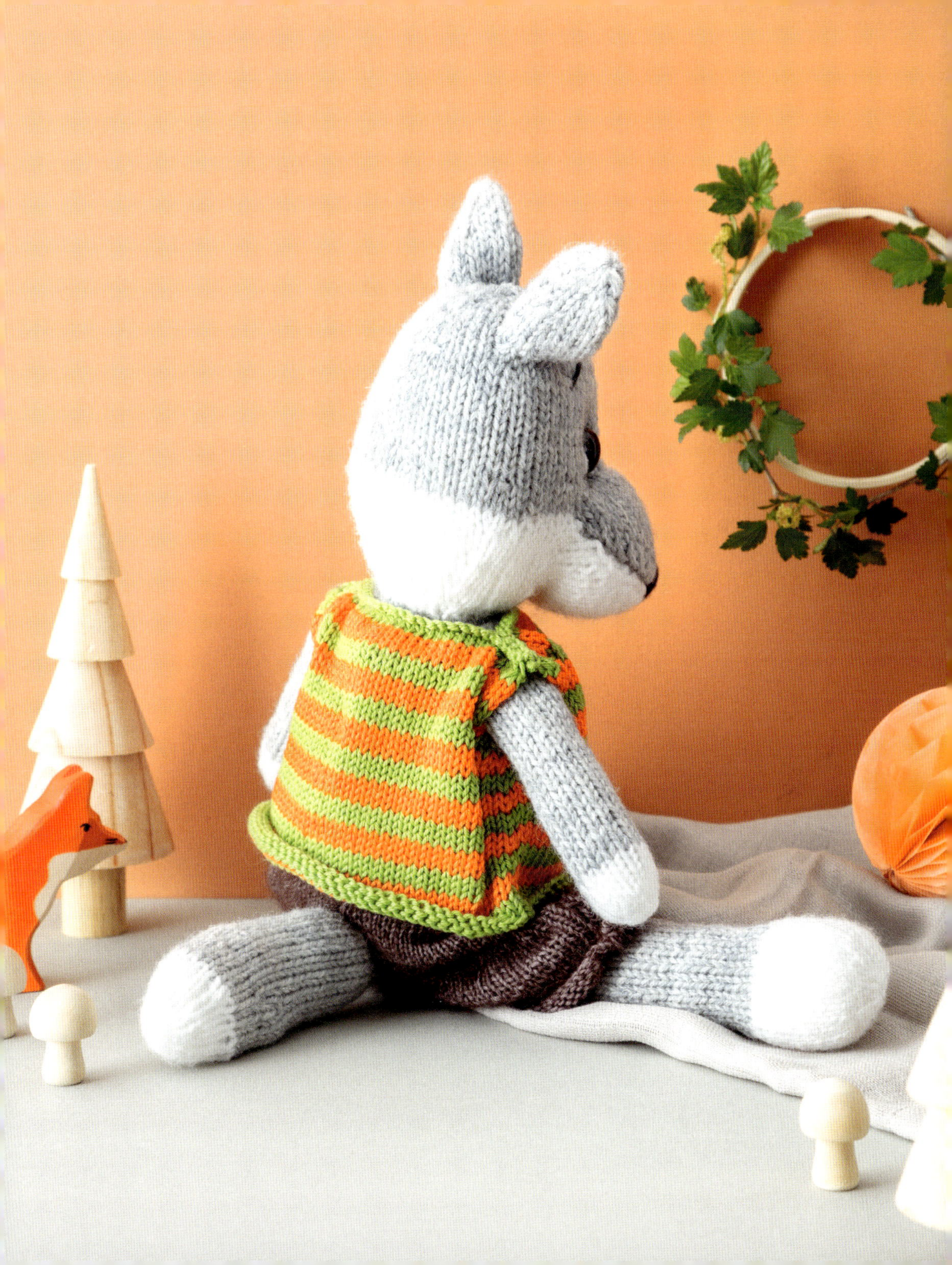

BÄRIN LUISA

GRÖSSE

Höhe: 26 cm

MATERIAL

- **Schöller & Stahl Zimba Fix** (80 % Schurwolle, 20 % Polyamid, LL 87 m/50 g) in Braun meliert (Fb 59), ca. 60 g (für den Körper), und in Beige meliert (Fb 22), ca. 60 g (für Schnauze und Tatzen)
- **Hobbii Mega Ball Aran** (100 % Acryl, LL 700 m/400 g) in Rot (Fb 23), ca. 40 g, und in Weiß (Fb 01), ca. 25 g (für das Kleid)
- Nadelspiel 3,5 mm
- evtl. Rundstricknadel 3,5 mm (für das Kleid)
- 2 Sicherheitsaugen, ø 14 mm
- 2 Knöpfe, ø 5 mm
- Füllwatte
- Vernähnadel
- Stickgarn in Weiß und Schwarz (für Details)

MASCHENPROBE

Glatt rechts mit Schöller & Stahl Zimba Fix und Nd 3,5 mm: 25 M und 34 R = 10 x 10 cm
Glatt rechts mit Hobbii Mega Ball Aran und Nd 3,5 mm: 25 M und 34 R = 10 x 10 cm

GRUNDMUSTER

- Glatt rechts in Rd: Alle M rechts str.
- Glatt rechts in R: In Hin-R rechte M, in Rück-R linke M str.
- Kraus rechts in R: In Hin- und Rück-R rechte M str.
- Einstrickmuster Herz (Kleid): Gemäß Zählmuster glatt rechts str. Mit den 4 M vor dem Mustersatz beginnen, den Mustersatz von 9 M 1x str, mit den 4 M nach dem Mustersatz enden. Die 1.–10. R 1x str.

HINWEIS

Wenn nicht anders angegeben, wird auf 4 Nd in Rd glatt rechts gestrickt. „Alle M str" heißt dann immer „Alle M rechts str", „1 M str" heißt „1 M rechts str" usw. „2 M zusstr" heißt immer „2 M rechts zusstr".
In der Regel sind die Angaben PRO Nd gemacht. Wird auf den 4 Nd unterschiedlich gearbeitet, so wird das gesondert aufgeführt.
Wenn keine Nd-Zahl dahinter in Klammern steht, gilt die Angabe für alle 4 Nd.

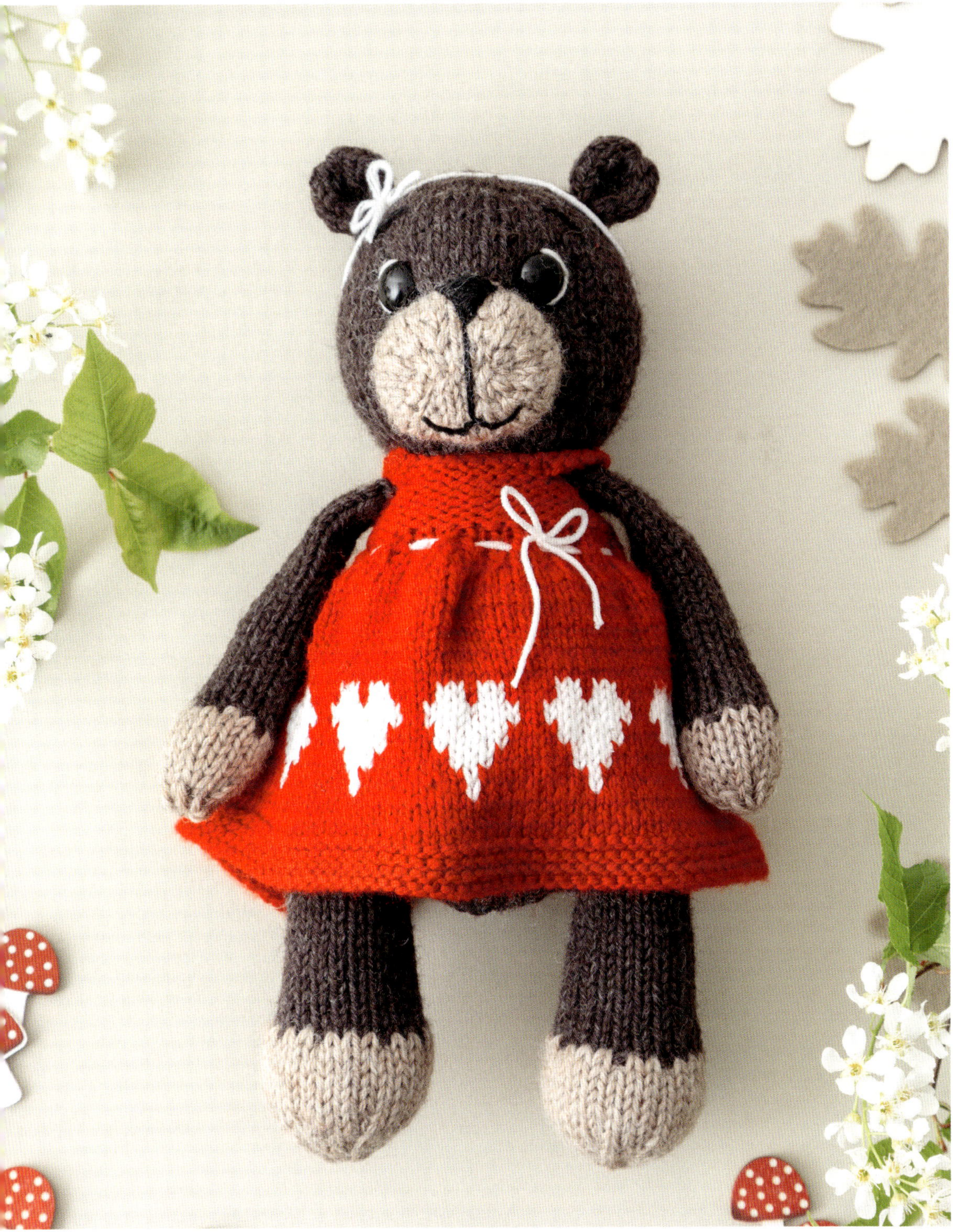

LOS GEHT'S

KOPF UND KÖRPER (1X, IN BRAUN MELIERT)

4 M pro Nd anschl (= 16 M).
1. Rd: Alle M str.
2. Rd: 1 M str, 1 M zun, 2 M str, 1 M zun, 1 M str (= 24 M).
3. Rd: Alle M str.
4. Rd: 2 M str, 1 M zun, 2 M str, 1 M zun, 2 M str (= 32 M).
5. Rd: Alle M str.
6. Rd: 2 M str, 1 M zun, 4 M str, 1 M zun, 2 M str (= 40 M).
7.–10. Rd: Alle M str.
11. Rd: 3 M str, 1 M zun, 4 M str, 1 M zun, 3 M str (= 48 M).
12.–15. Rd: Alle M str.
16. Rd: 3 M str, 1 M zun, 6 M str, 1 M zun, 3 M str (= 56 M).
17.–19. Rd: Alle M str.
20. Rd: 3 M str, 2 M zusstr, 4 M str, 2 M zusstr, 3 M str (= 48 M).
21.–24. Rd: Alle M str.
25. Rd: 2 M str, 2 M zusstr, 4 M str, 2 M zusstr, 2 M str (= 40 M).
26.–28. Rd: Alle M str.
29. Rd: 1 M str, 2 M zusstr, 4 M str, 2 M zusstr, 1 M str (= 32 M).
30. Rd: Alle M str.
31. Rd: 1 M str, 2 M zusstr, 2 M str, 2 M zusstr, 1 M str (= 24 M).
32. Rd: Alle M str.
Den Kopf leicht mit Füllwatte ausstopfen, so lassen sich die Augen besser positionieren. Die Augen einsetzen: Zwischen Nd 1 + 2 von oben 13 R nach unten zählen. Von hier aus jeweils 4 M nach rechts und 4 M nach links zählen und dort jeweils ein Auge feststecken. Den Kopf nachstopfen.
33.–34. Rd: Alle M str.
35. Rd: 1 M str, 1 M zun, 4 M str, 1 M zun, 1 M str (= 32 M).
36.–37. Rd: Alle M str.6
38. Rd: 2 M str, 1 M zun, 4 M str, 1 M zun, 2 M str (= 40 M).
39.–45. Rd: Alle M str.
46. Rd: 3 M str, 1 M zun, 4 M str, 1 M zun, 3 M str (= 48 M).
47.–53. Rd: Alle M str.
54. Rd: 3 M str, 1 M zun, 6 M str, 1 M zun, 3 M str (= 56 M).
55.–61. Rd: Alle M str.
62. Rd: 2 M str, 2 M zusstr, 6 M str, 2 M zusstr, 2 M str (= 48 M)
63. Rd: Alle M str.
64. Rd: 2 M str, 2 M zusstr, 4 M str, 2 M zusstr, 2 M str (= 40 M)
65. Rd: Alle M str.
66. Rd: 2 M str, 2 M zusstr, 2 M str, 2 M zusstr, 2 M str (= 32 M)
67. Rd: Alle M str.
68. Rd: 1 M str, 2 M zusstr, 2 M str, 2 M zusstr, 1 M str (= 24 M)
69.–70. Rd: Alle M str.
Nun den Körper mit Füllwatte ausstopfen.
71. Rd: 1 M str, 2x 2 M zusstr, 1 M str (= 16 M).
72. Rd: Alle M str.
73. Rd: 1 M str, 2 M zusstr, 1 M str (= 12 M).
Schneide nun den Faden ab. Nimm deine Vernäh-Nd und ziehe damit den Faden durch alle M auf deinen Nd. Ziehe den Faden fest, so schließt sich das Loch. Vernähe den Faden gut, sodass er sich nicht mehr lösen kann.
Schließe nun noch die Öffnung an der Unterseite des Körpers mit ein paar einfachen Stichen.
☛ **siehe Bild 1**

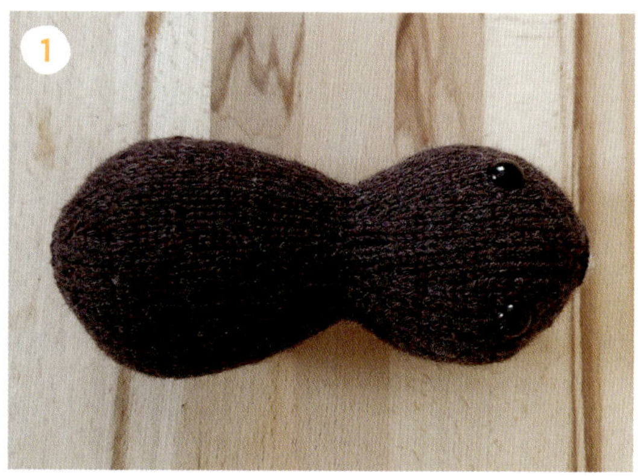

SCHNAUZE (1X, IN BEIGE MELIERT)

4 M pro Nd anschl (= 16 M).
1. Rd: Alle M str.

2. Rd: 1 M str, 1 M zun, 2 M str, 1 M zun, 1 M str (= 24 M).
3. Rd: Alle M str.
4. Rd: 2 M str, 1 M zun, 2 M str, 1 M zun, 2 M str (= 32 M).
5.–7. Rd: Alle M str.
8. Rd: Alle M abk.
Das kleine Anfangsloch zunähen.

Tipp: Dreh die Schnauze auf links, so ist die Naht später unsichtbar. Die Schnauze mit Füllwatte ausstopfen, am Kopf feststecken und annähen.

Forme die Augenhöhlen, wie beim Elch auf Seite 19 beschrieben.

OHREN UND SCHWANZ (3X, IN BRAUN MELIERT)

Je 3 M anschl auf Nd 1 + 3, je 4 M anschl auf Nd Nd 2 + 4 (= 14 M).
1.–4. Rd: Alle M str.
5. Rd: Nd 1 + 3: 1 M str, 2 M zusstr, Nd 2 + 4: 1 M str, 2 M zusstr, 1 M str (= 10 M).
Faden abschneiden und in die Vernäh-Nd einfädeln. Faden durch alle M auf den Nd ziehen. Ziehe den Faden fest, so schließt sich das Loch. Faden gut vernähen. Nun das Ohr an der geraden Kante zur Hälfte legen und mit ein paar Stichen zusammennähen. ☛ **siehe Bild 2**

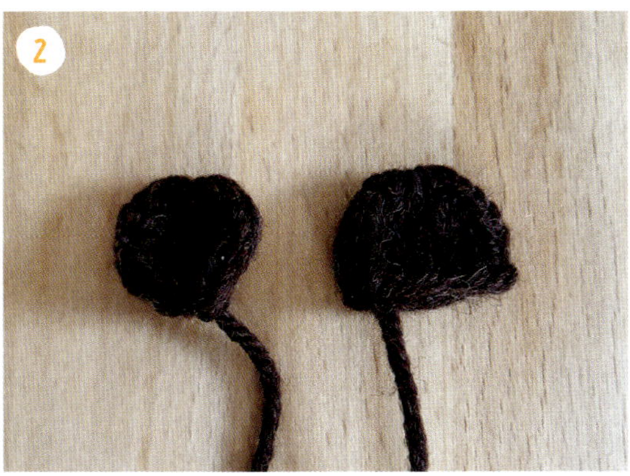

ARME (2X, IN BRAUN MELIERT UND BEIGE MELIERT)

In Braun meliert 3 M anschl (= 12 M).
1.–25. Rd: Alle M str.
Zu Beige meliert wechseln.
26. Rd: 1 M str, 1 M zun, 2 M str (= 16 M).
27.–31. Rd: Alle M str.
32. Rd: 2x 2 M zusstr (= 8 M).
33. Rd: Alle M str.
Die Arme zu zwei Dritteln mit Füllwatte füllen.

BEINE (2X, IN BRAUN MELIERT UND BEIGE MELIERT)

In Braun meliert 5 M pro Nd anschl (= 20 M)
1.–21. Rd: Alle M str.
Zu Beige meliert wechseln.
22. Rd: 1 M str, 1 M zun, 3 M str, 1 M zun, 1 M str (= 28 M).
23.–28. Rd: Alle M str.
29. Rd: 1 M str, 2 M zusstr, 1 M str, 2 M zusstr, 1 M str (= 20 M).
30. Rd: Alle M str.
31. Rd: 2 M zusstr, 1 M str, 2 M zusstr (= 12 M).
32. Rd: Alle M str.
Die Beine zu zwei Dritteln mit Füllwatte füllen.

KLEID (1X, IN ROT UND WEISS)

Das Kleid wird in R gestrickt.
In Rot 89 M anschl.
1.–6. R: Kraus rechts str. Die 1. R ist eine Rück-R.
7.–10. R: Glatt rechts str.
11.–20. R: Glatt rechts zweifarbig das Einstrickmuster Herz gemäß Zählmuster (S. 42) str.
21.–33. R: Glatt rechts str.
34. R (Hin-R): Immer 2 M zusstr bis auf die letzten 3 M, die letzten 3 M zusstr (= 44 M)
35. R (Rück-R): Linke M str.
36. R: *2 M str, 2 M zusstr*, von * bis * wdh bis R-Ende (= 33 M).
37. R: Linke M str.
38.–46. R: Kraus rechts str.
47. R: 12 M abk, 21 M str (= 21 M).
48. R: 12 M abk, 9 M str, 10 M aufschlingen (= 19 M).

49. R: 19 M str, 10 M aufschlingen (= 29 M).
50. R: 29 M str (= 29 M).
51. R: 19 M abk, 10 M str (= 10 M).
52. R: 10 M abk.
☛ **siehe Bild 3**

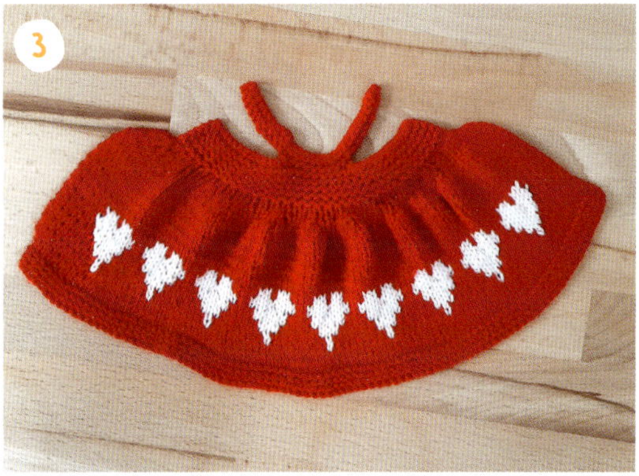

Nähe jetzt die Träger jeweils an den nächstliegenden „Enden" des Kraus-rechts-Gestricks fest, sodass sich die Armlöcher bilden.
53. R: 9 M aus den RM des Kraus-rechts-Gestricks und noch aus zwei weiteren R aufnehmen.
☛ **siehe Bild 4**

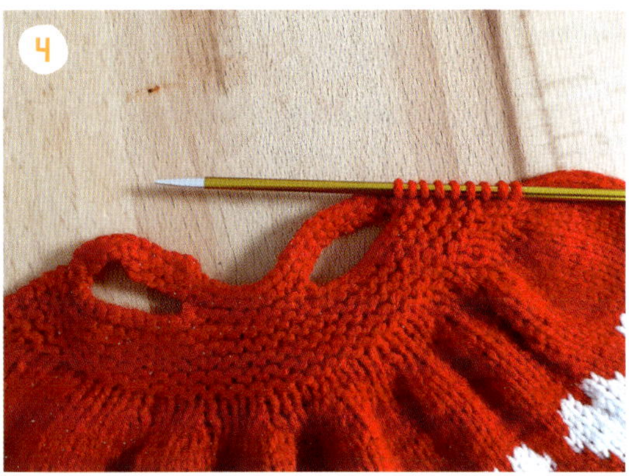

Über die aufgefassten M wie folgt str:
54.–55. R: Rechte M str.
56. R (Knopfloch-R): 2 M str, 1 U, 2 M zusstr, 2 M str, 1 U, 2 M zusstr, 1 M str (= 9 M).
57. R: Rechte M str.
58. R: Alle M abk.

Tipp: Wer nicht gern farbige Muster einstrickt, kann das Kleid auch einfarbig stricken und die Herzen im M-Stich aufsticken.

FERTIGSTELLUNG

Füge nun die Einzelteile der Bärin (Körper, Arme, Beine, Schwänzchen und Ohren) zusammen. Ich empfehle dir, alle Teile erst mit Stecknadeln zu fixieren. Positioniere alles so lange neu, bis es dir gefällt, und nähe es erst dann an. Mit dem Stickgarn stickst du noch gemäß Foto die Nase und den Mund auf. Sticke außerdem noch zwei Linien in Weiß um die äußere Rundung der Augen, um das Augenweiß anzudeuten. ☛ **siehe Bild 5**
Nähe nun noch kleine Knöpfe an das Kleidchen. Wenn du magst, kannst du es noch mit einem Band und Schleife verzieren. Ziehe deiner Bärin das Kleid an.

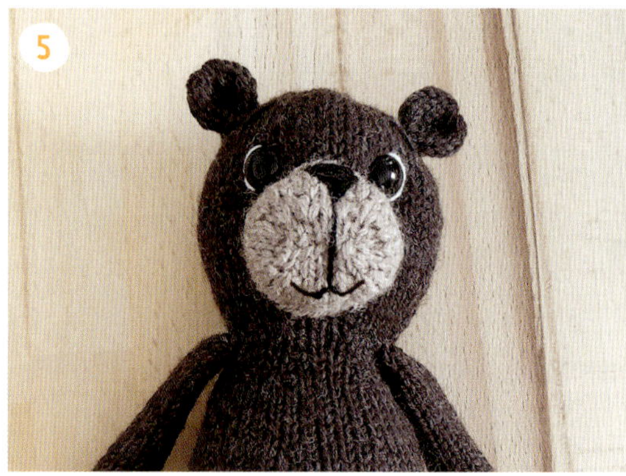

ZÄHLMUSTER

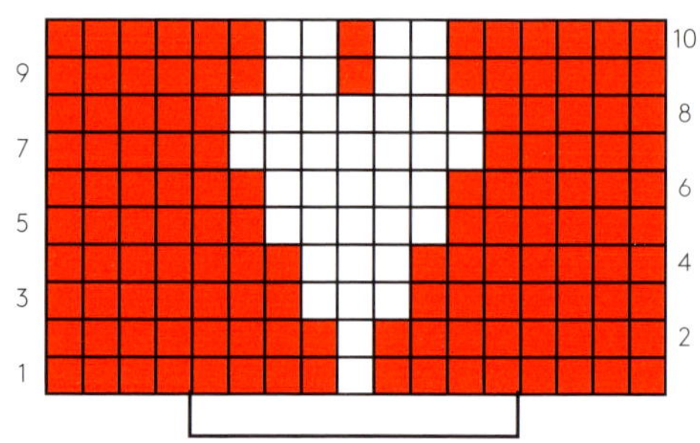

Mustersatz = 9 Maschen

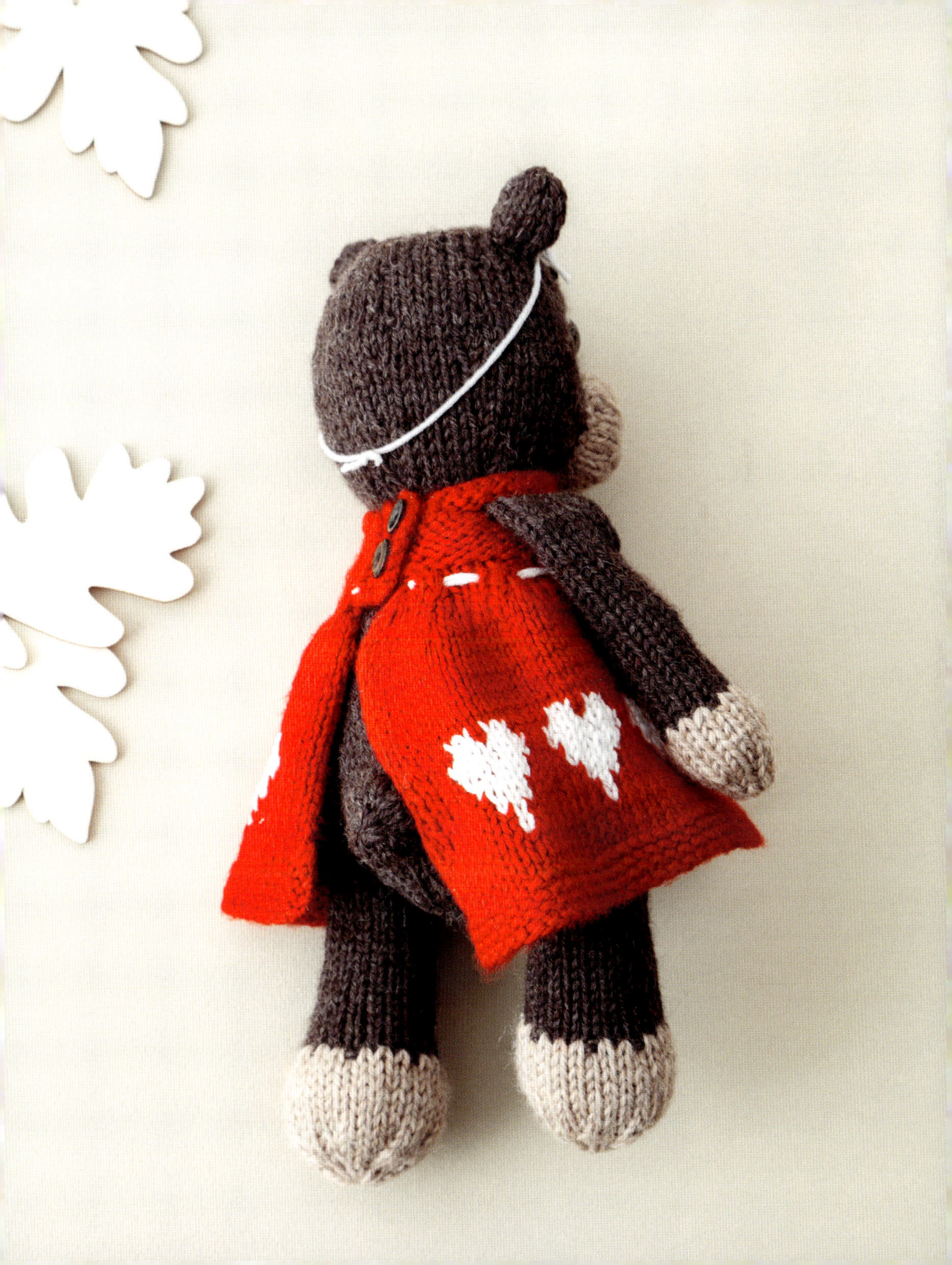

LUCHS FINN

GRÖSSE

Höhe: 40 cm

MATERIAL

- **ONline Linie 482 Taro** (31 % Wolle, 29 % Baumwolle, 28 % Polyacryl, 12 % Polyamid, LL 120 m/50 g) in Beige-Weiß meliert (Fb 07), ca. 100 g (für Körper, Außenseite Ohren, Arme und Schwanz)
- **Junghans-Wolle Pellini** (60 % Wolle, 25 % Polyamid, 15 % Alpaka, LL 90 m/50 g) in Offwhite, ca. 30 g (für Schnauze, Tatzen, Innenseite Ohren, Bauchfleck und Backenbart), und in Mittelbraun, ca. 10 g (für Ohrenspitzen und Schwanzspitze)
- **Gedifra Laur**a (65 % Superfine Alpaka, 35 % Baumwolle, LL 125 m/25 g) in Ecru (Fb 3200), ca. 20 g (hier Beilauffaden für Junghans-Wolle Pellini in Offwhite)
- **Schöller & Stahl Zimba Fix** (80 % Schurwolle, 20 % Polyamid, LL 87 m/50 g) in Braun meliert (Fb 59), ca. 40 g (für die Hose)
- **Lana Grossa Mc Wool Merino Mix** (50 % Merino-Schurwolle, 50 % Acryl, LL 100 m/50 g) in Dunkelrot (Fb 108), ca. 40 g (für den Cardigan)
- Nadelspiel 4,5 mm und 3,5 mm
- 2 Sicherheitsaugen, ø 14 mm
- 3 Knöpfe, ø ca. 12 mm (für den Cardigan)
- 2 Knöpfe, ø ca. 10 mm (für die Hose)
- Füllwatte
- Vernähnadel
- Stickgarn in Weiß, Schwarz und Altrosa (für Details der Augen und Nasenspitze)
- Rest Baumwollgarn in Braun (für die Schnurrhaare und die Krallen)

MASCHENPROBE

Glatt rechts mit doppeltem Faden ONline Linie 482 Taro und Nd 4,5 mm: 18 M und 28 R = 10 x 10 cm

GRUNDMUSTER

- Glatt rechts in Rd: Alle M rechts str.
- Glatt rechts in R: In Hin-R rechte M, in Rück-R linke M str.
- Kraus rechts in R: In Hin- und Rück-R rechte M str.
- Bündchenmuster: 1 M rechts, 1 M links im Wechsel str.

HINWEIS

Wenn nicht anders angegeben, wird auf 4 Nd in Rd glatt rechts gestrickt.
„Alle M str" heißt immer „Alle M rechts str", „1 M str" heißt „1 M rechts str" usw. „2 M zusstr" heißt immer „2 M rechts zusstr".
In der Regel sind die Angaben PRO Nd gemacht. Wird auf den 4 Nd unterschiedlich gearbeitet, so wird das gesondert aufgeführt.
Wenn keine Nd-Zahl dahinter in Klammern steht, gilt die Angabe für alle 4 Nd.

Achtung: Wenn nicht anders angegeben, wird mit Nd 4,5 mm gestrickt, nur die Hose und die Hosenträger werden mit Nd 3,5 mm gearbeitet.

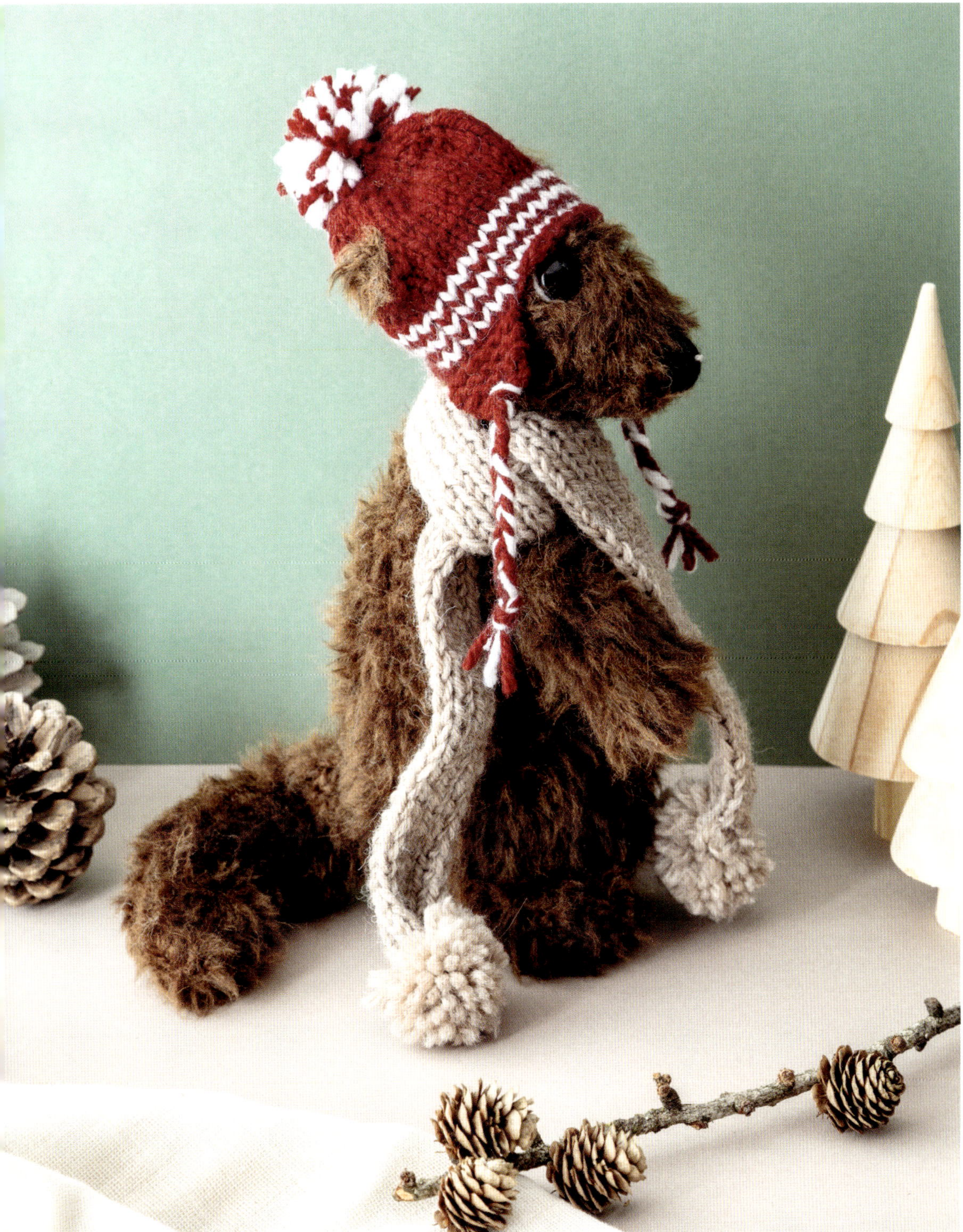

LOS GEHT'S

KOPF (1X, IN BEIGE-WEISS MELIERT DOPPELFÄDIG)

3 M pro Nd anschl (= 12 M).
1. Rd: Alle M str.
2. Rd: 1 M str, 1 M zun, 1 M str, 1 M zun, 1 M str (= 20 M).
3. Rd: Alle M str.
4. Rd: 1 M str, 1 M zun, 3 M str, 1 M zun, 1 M str (= 28 M).
5.–6. Rd: Alle M str.
7. Rd: 2 M str, 1 M zun, 3 M str, 1 M zun, 2 M str (= 36 M).
8.–19. Rd: Alle M str.
20. Rd: 1 M str, 1 M zun, 1 M str, 1 M zu, 5 M str, 1 M zun, 1 M str, 1 M zun, 1 M str (= 52 M).
21.–26. Rd: Alle M str.
27. Rd: Nd 1 + 3: 1 M str, 2 M zusstr, 1 M str, 2 M zusstr, 7 M str, Nd 2 + 4: 7 M str, 2 M zusstr, 1 M str, 2 M zusstr, 1 M str (= 44 M).
28.–29. Rd: Alle M str.
30. Rd: Nd 1 + 3: 1 M str, 2 M zusstr, 8 M str, Nd 2 + 4: 8 M str, 2 M zusstr, 1 M str (= 40 M).
31.–33. Rd: Alle M str.
34. Rd: 1 M str, 2 M zusstr, 4 M str, 2 M zusstr, 1 M str (= 32 M).
35.–36. Rd: Alle M str.
37. Rd: 2 M zusstr, 1 M str, 2 M zusstr, 1 M str, 2 M zusstr (= 20 M).
38.–39. Rd: Alle M str.
40. Rd: 2 M str, 2 M zusstr, 1 M str (= 16 M).
41. Rd: Alle M str.
42. Rd: Alle M abk.
Den Kopf leicht mit Füllwatte ausstopfen, so lassen sich die Augen besser positionieren. Nun die Augen einsetzen: Zähle von der Mitte des Kopfes 17 M nach unten. Von hier aus jeweils 4 M nach rechts und 4 M nach links zählen und dort jeweils ein Auge feststecken. Nun den Kopf nachstopfen.

KÖRPER (1X, IN BEIGE-WEISS MELIERT DOPPELFÄDIG)

5 M pro Nd anschl (= 20 M)
1.–2. Rd: Alle M str.
3. Rd: 1 M str, 1 M zun, 3 M str, 1 M zun, 1 M str (= 28 M).
4.–7. Rd: Alle M str.
8. Rd: Nd 1 + 3: 1 M str, 1 M zun, 6 M str, Nd 2 + 4: 6 M str, 1 M zun, 1 M str (= 32 M).
9.–13. Rd: Alle M str.
14. Rd: Nd 1 + 3: 1 M str, 1 M zun, 7 M str, Nd 2 + 4: 7 M str, 1 M zun, 1 M str (= 36 M).
15.–20. Rd: Alle M str.
21. Rd: Nd 1 + 3: 1 M str, 1 M zun, 8 M str, Nd 2 + 4: 8 M str, 1 M zun, 1 M str (= 40 M).
22.–31. Rd: Alle M str.
32. Rd: 1 M str, 1 M zun, 8 M str, 1 M zun, 1 M str (= 48 M)
33.–39. Rd: Alle M str.
40. Rd: Nd 1 + 3: 1 M str, 2 M zusstr, 9 M str, Nd 2 + 4: 9 M str, 2 M zusstr, 1 M str (= 44 M).
41.–42. Rd: Alle M str.
43. Rd: 1 M str, 2 M zusstr, 5 M str, 2 M zusstr, 1 M str (= 36 M).
44.–45. Rd: Alle M str.
46. Rd: 1 M str, 2 M zusstr, 3 M str, 2 M zusstr, 1 M str (= 28 M).
47.–48. Rd: Alle M str.
49. Rd: 1 M str, 2 M zusstr, 1 M str, 2 M zusstr, 1 M str (= 20 M).
50. Rd: Alle M str.
51. Rd: 2 M zusstr, 1 M str, 2 M zusstr (= 12 M).
52. Rd: Alle M abk.
Den Körper mit Füllwatte ausstopfen.

AUSSENSEITE OHREN (2X, IN BEIGE-WEISS MELIERT DOPPELFÄDIG)

4 M pro Nd anschl (= 16 M).
1.–5. Rd: Alle M str.
6. Rd: 1 M str, 2 M zusstr, 1 M str (= 12 M).
7.–8. Rd: Alle M str.
9. Rd: 1 M str, 2 M zusstr (= 8 M).
10. Rd: Alle M str.
Den Faden abschneiden. Das Fadenende in die Vernäh-Nd einfädeln und durch alle 8 M auf der Nd ziehen. Faden festziehen, so bildet sich eine Spitze. Den Faden gut vernähen.

STEG AUF DER SCHNAUZE (1X, IN BEIGE-WEISS MELIERT DOPPELFÄDIG)

Es wird in R glatt rechts gestrickt
6 M anschl (= 6 M).
1.–6. R: Glatt rechts str.
7. R: RM, 2x 2 M zusstr, RM (= 4 M)
8. R: Linke M str.
9. R: Alle M abk.

Hinweis „dreifädig": Innenseite Ohren, Schnauze, Pfoten, Backenbart, Bauchfleck und die Tatzen an Armen und Beinen werden dreifädig gestrickt. Dazu nimmst du zwei Fäden Pellini in Offwhite und einen Faden Laura Gedifra in Ecru zusammen.

INNENSEITE OHREN (2X, IN OFFWHITE/ ECRU DREIFÄDIG, SIEHE HINWEIS)

Es wird in R glatt rechts gestrickt.
5 M anschl (= 5 M).
1.–4. R: Glatt rechts str.
5. R: 2 M zusstr, 1 M str, 2 M zusstr (= 12 M).
6. R: 3 M zusstr.
Die Fäden abschneiden, in die Vernäh-Nd einfädeln und durch die verbleibende M ziehen. Fäden vernähen.
Lege nun jeweils eine Innenseite Ohr auf eine Außenseite Ohr und nähe sie zusammen.
☛ siehe Bild 1

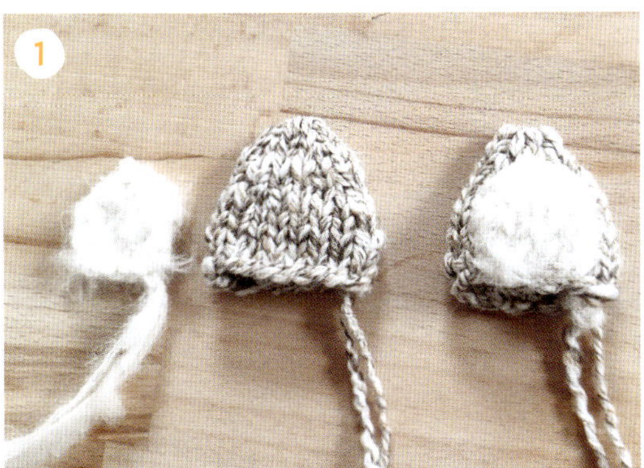

Nimm das mittelbraune Pellini-Garn zur Hand und befestige noch kleine Haarbüschel an den Ohrspitzen. Schneide dazu pro Ohr 4 Fäden mit einer Länge von ca. 6 cm ab. Nimm eine Häkel-Nd zu Hilfe. Lege die Fäden zur Hälfte und ziehe sie mit der Häkel-Nd zur Hälfte durch die Ohrenspitze. Fädle die offenen Enden durch die Schlaufe und ziehe sie fest. Stecke dann die Ohren mit Stecknadeln am Kopf fest.

SCHNAUZE (1X, IN OFFWHITE/ECRU DREIFÄDIG, SIEHE HINWEIS)

8 M pro Nd anschl (= 32 M).
1.–3. Rd: Alle M str.
4. Rd: 1 M str, 2 M zusstr, 2 M str, 2 M zusstr, 1 M str (= 24 M).
5.–6. Rd: Alle M str.
7. Rd: 1 M str, 2x 2 M zusstr, 1 M str (= 16 M).
8. Rd: Alle M str.
9. Rd: 1 M str, 2 M zusstr, 1 M str (= 12 M)
Die Fäden abschneiden. Die Enden in die Vernäh-Nd einfädeln und durch alle M ziehen. Festziehen, bis sich das Loch schließt. Fäden gut vernähen. Fülle nun die Schnauze mit Watte und stecke sie mit Stecknadeln am Kopf fest. **☛ siehe Bild 2**

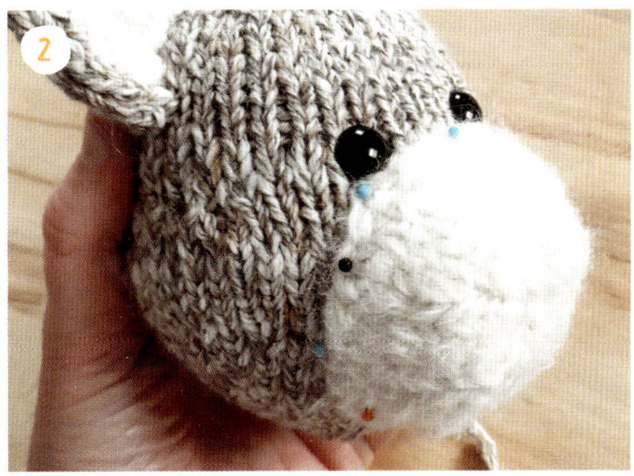

BAUCHFLECK (1X, IN OFFWHITE/ECRU DREIFÄDIG, SIEHE HINWEIS)

Es wird in R glatt rechts gestrickt.
7 M anschl (= 7 M).
1.–2. R: Glatt rechts str.
3. R: 1 M str, 1 M zun, 5 M str, 1 M zun, 1 M str (= 9 M).
4.–6. R: Glatt rechts str.
7. R: 1 M str, 1 M zun, 7 M str, 1 M zun, 1 M str (= 11 M).

8.–18. R: Glatt rechts str.
19. R: 1 M str, 2 M zusstr, 5 M str, 2 M zusstr, 1 M str (= 9 M).
20.–28. R: Glatt rechts str.
29. R: 1 M str, 2 M zusstr, 3 M str, 2 M zusstr, 1 M str (= 7 M).
30.–34. R: Glatt rechts str.
35. R: 1 M str, 2 M zusstr, 1 M str, 2 M zusstr, 1 M str (= 5 M).
36. R: Linke M str.
37. R: Alle M abk.

BACKENBART (2X, IN OFFWHITE/ECRU DREIFÄDIG, SIEHE HINWEIS)

Es wird in R glatt rechts gestrickt.
17 M anschl (= 17 M).
1.–7. R: Glatt rechts str.
8. R: Alle M abk.
Strickstück längs zusammenlegen und die lange Seitennaht mit ein paar einfachen Stichen schließen. Das Stück auf links wenden und seitlich am Kopf feststecken. ☛ **siehe Bild 3**

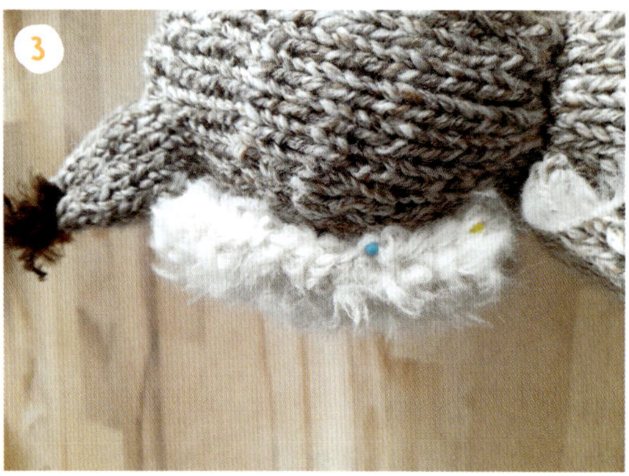

Wenn du alle Einzelteile des Kopfes fertig hast, platziere diese endgültig an den gewünschten Stellen und nähe sie fest.
Mit dem Stickgarn stickst du noch gemäß Foto die Nase in Altrosa und die Augenbrauen in Schwarz auf. Sticke außerdem noch zwei Linien in Weiß um die äußere Rundung der Augen, um das Augenweiß anzudeuten. Für die Schnurrhaare 6 Fäden Baumwollgarn in Braun zuschneiden, an ein Ende jeweils einen festen Doppelknoten knüpfen und dann mit einer Nd in die Schnauze einziehen.
☛ **siehe Bild 4**

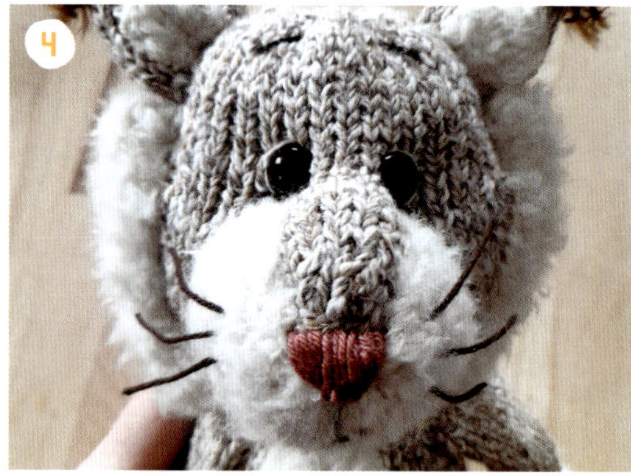

ARME (2X, IN BEIGE-WEISS MELIERT DOPPELFÄDIG UND IN OFFWHITE/ECRU DREIFÄDIG, SIEHE HINWEIS)

In Beige-Weiß meliert je 3 M anschl auf Nd 1 + 3: 3 M, je 4 M anschl auf Nd 2 + 4 (= 14 M).
1.–30. Rd: Alle M str.
Zu Offwhite/Ecru wechseln.
31. Rd: Alle M str.
32. Rd: Nd 1 + 3: 1 M str, 1 M zun, 2 M str, Nd 2 + 4: 2 M str, 1 M zun, 1 M str (= 18 M).
33.–39. Rd: Alle M str.
40. Rd: Nd 1 + 3: 2x 2 M zusstr, Nd 2 + 4: 2 M zusstr, 1 M str, 2 M zusstr (= 10 M).
Den Faden abschneiden, in die Vernäh-Nd einfädeln und durch die verbleibenden M auf den Nd ziehen. Den Faden gut festziehen, um das Loch zu schließen, und das Ende gut vernähen.
Die Arme zu zwei Dritteln mit Füllwatte ausstopfen. Nimm nun ein dunkelbraunes Baumwollgarn (oder ein ähnlich festes Garn), um die Krallen zu formen. Stich dazu an der Stelle ein, wo das Beige-Weiß melierte Garn auf das weiße Garn trifft, führe den Faden um die Tatze herum und stich nochmals in die gleiche Stelle wie zuvor ein. Ziehe den Faden ganz fest. Im Abstand von 1 cm wiederholst du das Ganze nochmals. ☛ **siehe Bild 5**

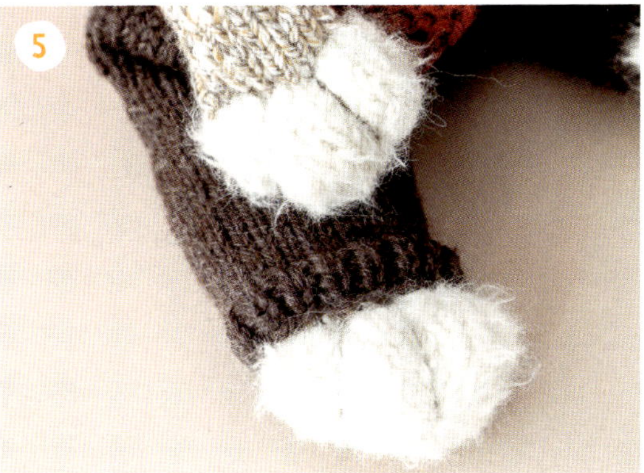

BEINE (2X, IN BEIGE-WEISS MELIERT DOPPELFÄDIG UND IN OFFWHITE/ECRU DREIFÄDIG, SIEHE HINWEIS)

In Beige-Weiß meliert 4 M pro Nd anschl (= 16 M).
1.–35. Rd: Alle M str.
Zu Offwhite/Ecru wechseln.
36. Rd: Alle M str.
37. Rd: 2 M str, 1 M zun, 2 M str (= 20 M).
38.–43. Rd: Alle M str.
44. Rd: 2 M zusstr, 1 M str, 2 M zusstr (= 12 M).
45.–46. Rd: Alle M str.
Den Faden abschneiden, in die Vernäh-Nd einfädeln und durch die verbleibenden M auf den Nd ziehen. Den Faden gut festziehen, um das Loch zu schließen, und das Ende gut vernähen.
Die Beine mit Füllwatte ausstopfen. Die Krallen wie bei den Armen formen.

SCHWANZ (1X, IN BEIGE-WEISS MELIERT UND IN MITTELBRAUN, JEWEILS DOPPELFÄDIG)

In Beige-Weiß meliert 3 M pro Nd anschl (= 12 M).
1.–11. Rd: Alle M str.
Zu Mittelbraun wechseln.
12.–17. Rd: Alle M str.
18. Rd: 1 M str, 2 M zusstr (= 8 M)
Den Faden abschneiden, in die Vernäh-Nd einfädeln und durch die verbleibenden M auf den Nd ziehen. Den Faden gut festziehen, um das Loch zu schließen, und das Ende gut vernähen.
Den Schwanz zu zwei Dritteln mit Füllwatte ausstopfen.

HOSE (1X, IN BRAUN MELIERT)

Es wird mit Nd-Spiel 3,5 mm gestrickt.

Hosenbein (2x)

8 M pro Nd in anschl (= 32 M).
1.–3. Rd: Im Bündchenmuster str.
4.–30. Rd: Alle M str.
Alle M auf einem Hilfsfaden stilllegen.
Das zweite Hosenbein ebenso str. **☛ siehe Bild 6**

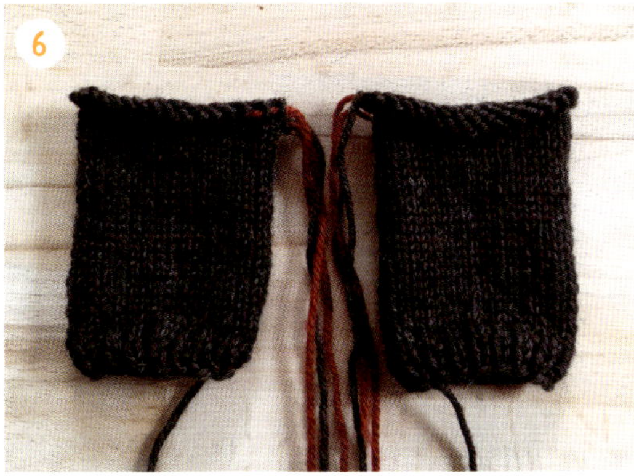

Nun nimmst du beide Hosenbeine zusammen auf 4 Nd und teilst die M wie folgt ein:
Nd 1: 8 M von Hosenbein 1 (= 8 M).
Nd 2: 12 M von Hosenbein 1, 6 M aufschlingen, 12 M von Hosenbein 2 (= 30 M).
Nd 3: 8 M von Hosenbein 2 (= 8 M).
Nd 4: 12 M von Hosenbein 2, 6 M aufschlingen, 12 M von Hosenbein 1 (= 30 M).
☛ siehe Bild 7

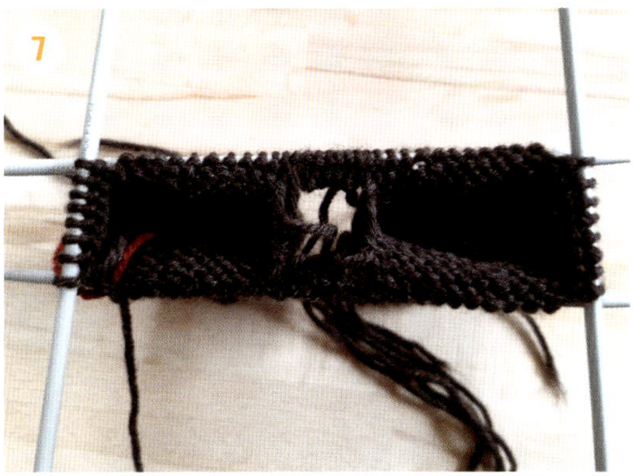

31.–40. Rd: Alle M str.
41. Rd: Nd 1 + 2 + 3: alle M str, Nd 4: 11 M str, 8 M abk, 11 M str (= 68 M).
42. Rd: Nd 1 + 2 + 3: alle M str, Nd 4: 11 M str, 8 M aufschlingen, 11 M str (= 76 M).
43.–46. Rd: Alle M str.
47. Rd: Nd 1 + 3: 1 M str, 2 M zusstr, 2 M str, 2 M zusstr, 1 M str, Nd 2 + 4: 1 M str, 2 M zusstr, 24 M str, 2 M zusstr, 1 M str (= 68 M)
48.–50. Rd: Alle M str.
51. Rd: Alle M abk.
Schließe das Loch zwischen den Beinen im Zwickel mit dem M-Stich.

Hosenträger

45 M anschl (= 45 M).
1. R: Alle M rechts str.
2. R: Alle M abk.
Ziehe dem Luchs seine Hose an und spanne den Träger über eine Schulter von vorne nach hinten. Nähe das Ende und den Anfang des Trägers am Hosenbund fest und verziere die Stellen der Nähte mit einem Knopf.

CARDIGAN (1X, IN DUNKELROT)

Rückenteil

Wenn nicht anders angegeben, wird in R stets rechts gestrickt.
36 M anschl (= 36 M).
1.–4. R: Im Bündchenmuster str.
5.–26. R: Alle M str.
27. R: RM, 1 M str, 2 M zusstr, 13 M str, 2 M zusstr, 13 M str, 2 M zusstr, 1 M str, RM (= 33 M).
28.–30. R: Alle M str.
31. R: RM, 1 M str, 2 M zusstr, 25 M str, 2 M zusstr, 1 M str, RM (= 31 M).
32.–34. R: Alle M str.
35. R: RM, 1 M str, 2 M zusstr, 23 M str, 2 M zusstr, 1 M str, RM (= 29 M).
36. R: Alle M str.
37. R: RM, 1 M str, 2 M zusstr, 1 M str, 2 M zusstr, 15 M str, 2 M zusstr, 1 M str, 2 M zusstr, 1 M str, RM (= 25 M).
38.–40. R: Alle M str.
41. R: Alle M abk.

Linkes Vorderteil

16 M anschl (= 16 M)
1.–4. R: Im Bündchenmuster str.
5.–26. R: Alle M str.
27. R: RM, 1 M str, 2 M zusstr, 11 M str, RM (= 15 M).
28.–30. R: Alle M str.
31. R: RM, 1 M str, 2 M zusstr, 10 M str, RM (= 14 M).
32.–34. R: Alle M str.
35. R RM, 1 M str, 2 M zusstr, 9 M str, RM (= 13 M).
36. R: Alle M str.
37. R: RM, 1 M str, 2 M zusstr, 1 M str, 2 M zusstr, 5 M str, RM (= 11 M).
38.–40. R: Alle M str.
41. R: Alle M abk.

Rechtes Vorderteil

16 M anschl (= 16 M)
1.–4. R: Im Bündchenmuster str.
5. R: Alle M str.
6. R: RM, 2 M zusstr, 1 U, 12 M str, RM (= 16 M).
7.–17. R: Alle M str.
18. R: RM, 2 M zusstr, 1 U, 12 M str, RM (= 16 M).
19.–26. R: Alle M str.
27. R: RM, 11 M str, 2 M zusstr, 1 M str, RM (= 15 M).
28. R: Alle M str.
29. R: RM, 2 M zusstr, 1 U, 11 M str, RM (= 15 M).
30. R: Alle M str.
31. R: RM, 10 M str, 2 M zusstr, 1 M str, RM (= 14 M).
32.–34. R: Alle M str.
35. R: RM, 9 M str, 2 M zusstr, 1 M str, RM (= 13 M).
36. R: Alle M str.
37. R: RM, 5 M str, 2 M zusstr, 1 M str, 2 M zusstr, 1 M str, RM (= 11 M).
38.–40. R: Alle M str.
41. R: Alle M abk.
Jetzt sind alle drei Teile des Cardigans fertig.
☛ **siehe Bild 8**

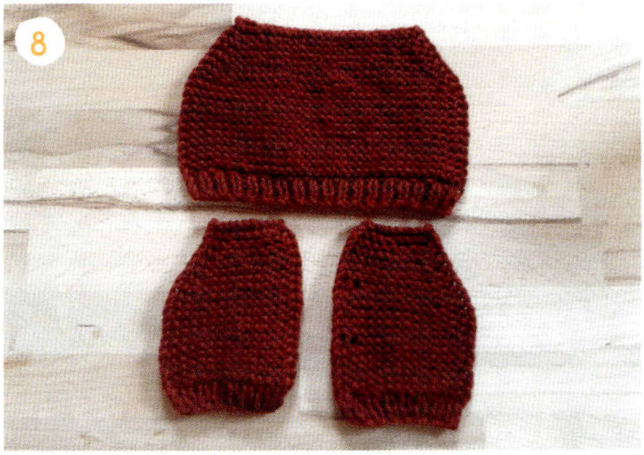

Lege nun die beiden Vorderteile passend auf das Rückenteil und schließe die Seitennähte von unten nach oben über 8 cm im M-Stich. ☛ **siehe Bild 9**

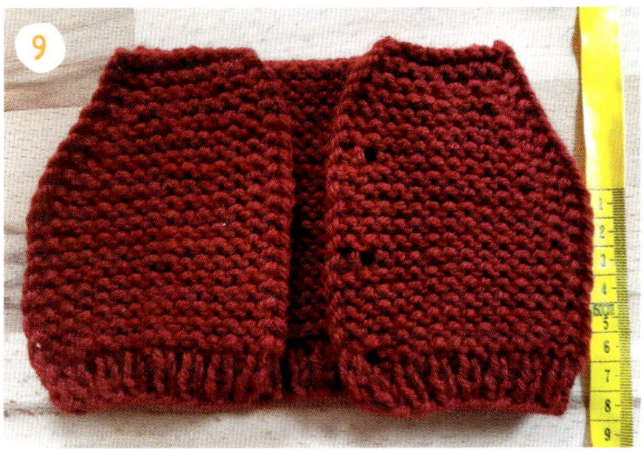

Dann schließt du die Schulternähte von außen nach innen über 3 cm im M-Stich. ☛ **siehe Bild 10**

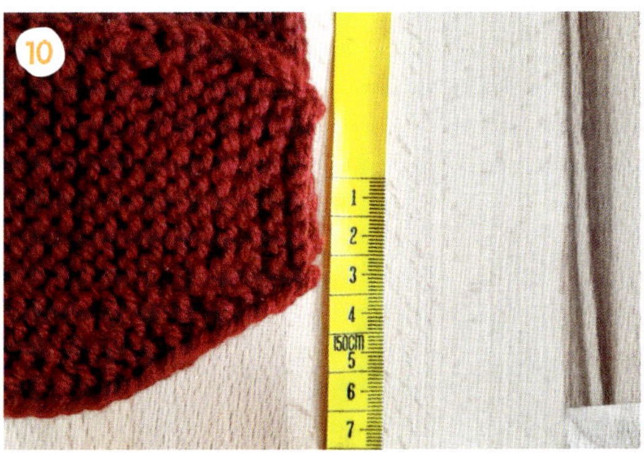

Anschließend nähst du die Knöpfe an und vernähst die Fäden.

FERTIGSTELLUNG

Füge nun die restlichen Einzelteile des Luchses (Kopf, Körper, Arme, Beine, Schwanz) zusammen. Ich empfehle dir, alle Teile erst mit Stecknadeln zu fixieren. Positioniere alles so lange neu, bis es dir gefällt, und nähe es erst dann an. Zuletzt ziehst du dem Luchs noch Hose und Cardigan an.

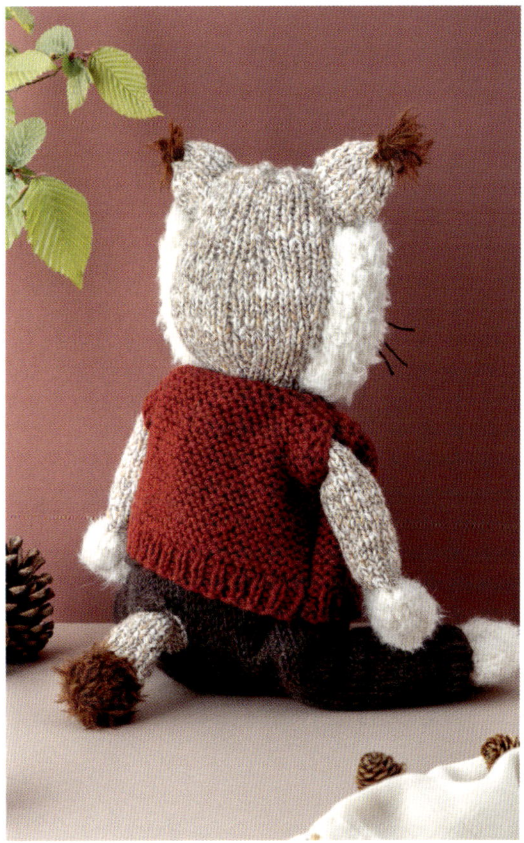

REH JOHANNA

GRÖSSE

Höhe: 37 cm

MATERIAL

- **Katia Concept Mohair Cotton** (70 % Baumwolle, 30 % Mohair, LL 225 m/50 g) in Orangebraun (Fb 73), ca. 100 g (für Körper, Kopf, Außenseite Ohren, Arme, Beine und Schwanz), und in Aubergine (Fb 80), ca. 20 g (für Geweih, Hufe an Armen und Beinen), und in Steingrau (Fb 77), ca. 10 g (für Innenseite Ohren und Schwanz, Streifen an Armen und Beinen)
- **Gedifra Laura** (65 % Superfine Alpaka, 35 % Baumwolle, LL 125 m/25 g) in Ecru (Fb 3200), ca. 15 g (für die Stola)
- **Lamana Piura** (100 % Alpaka, LL 400 m/50 g) in Altrosa (Fb 40), ca. 40 g (für das Kleid)
- Nadelspiel 3,5 mm
- Rundstricknadel 3,0 mm mit 40 cm Seil (für das Kleid)
- 2 Sicherheitsaugen, ø 12 mm
- 2 Knöpfe, ø ca. 6 mm (für das Kleid)
- Füllwatte
- Vernähnadel
- Stickgarn in Weiß und Schwarz (für Details)

MASCHENPROBE

Glatt rechts mit doppeltem Faden Katia Concept Mohair Cotton und Nd 3,5 mm: 18 M und 28 R = 10 x 10 cm

GRUNDMUSTER

- Glatt rechts in Rd: Alle M rechts str.
- Glatt rechts in R: In Hin-R rechte M, in Rück-R linke M str.
- Kraus rechts in R: In Hin- und Rück-R rechte M str.
- Bündchenmuster: 1 M rechts, 1 M links im Wechsel str.
- Ajourmuster: Nach der Strickschrift (S. 57) str. Es sind nur die Hin-R gezeichnet, in den Rück-R die M str, wie sie erscheinen, die U links str. Mit der M vor dem Mustersatz beginnen, den Mustersatz von 10 M stets wdh und mit den 2 M nach dem Mustersatz enden. Die 1.–8. R 3x str.

HINWEIS

Wenn nicht anders angegeben, wird auf 4 Nd in Rd glatt rechts gestrickt.
„Alle M str" heißt immer „Alle M rechts str", „1 M str" heißt „1 M rechts str" usw. „2 M zusstr" heißt immer „2 M rechts zusstr".
In der Regel sind die Angaben PRO Nd gemacht. Wird auf den 4 Nd unterschiedlich gearbeitet, so wird das gesondert aufgeführt.
Wenn keine Nd-Zahl dahinter in Klammern steht, gilt die Angabe für alle 4 Nd.

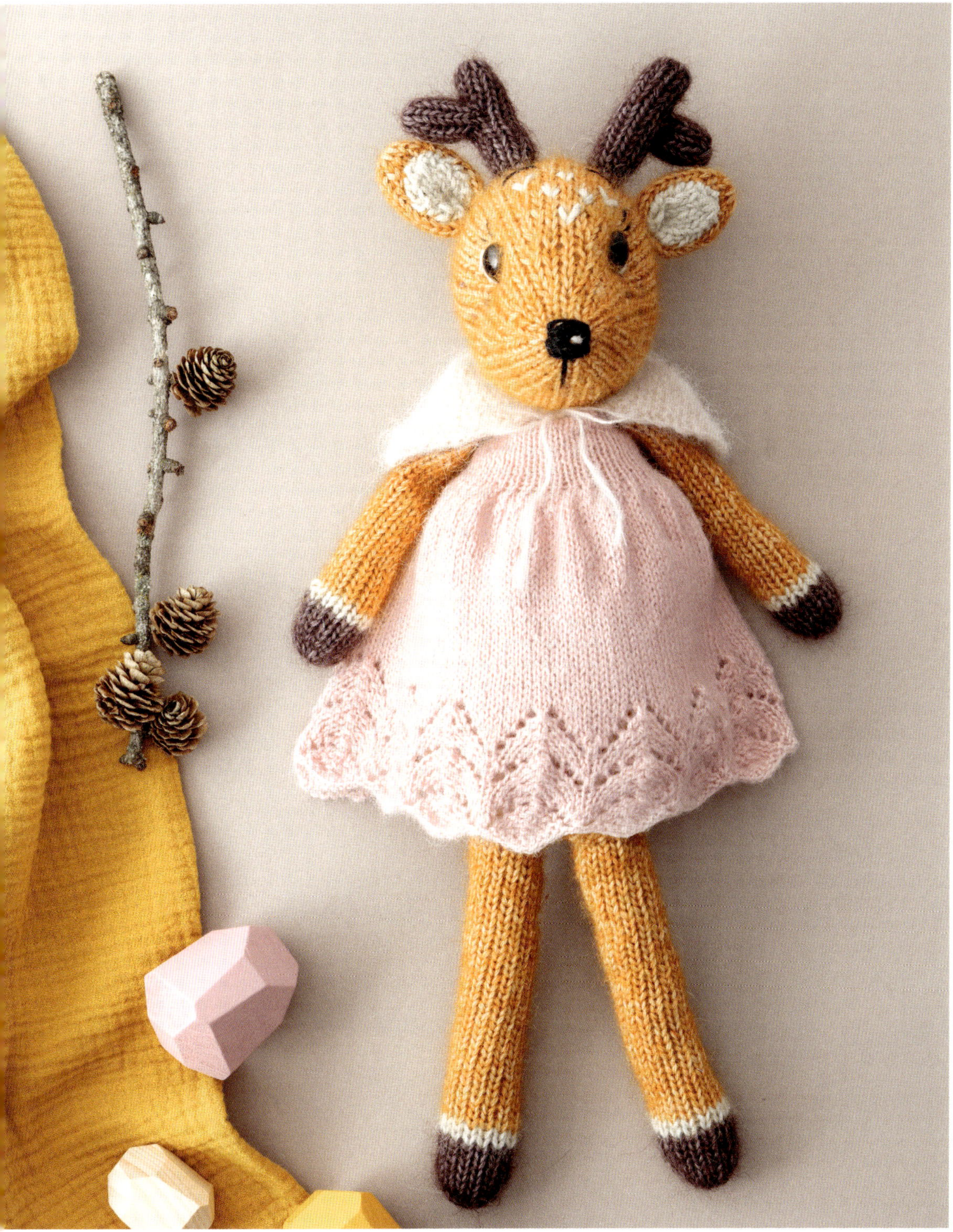

LOS GEHT'S

KOPF (1X, IN ORANGEBRAUN DOPPELFÄDIG)

3 M pro Nd anschl (= 12 M).
1. Rd: Alle M str.
2. Rd: 1 M str, 1 M zun, 1 M str, 1 M zun, 1 M str (= 20 M).
3.–4. Rd: Alle M str.
5. Rd: 1 M str, 1 M zun, 3 M str, 1 M zun, 1 M str (= 28 M).
6.–7. Rd: Alle M str.
8. Rd: 2 M str, 1 M zun, 3 M str, 1 M zun, 2 M str (= 36 M).
9.–10. Rd: Alle M str.
11. Rd: 2 M str, 1 M zun, 5 M str, 1 M zun, 2 M str (= 44 M).
12.–25. Rd: Alle M str.
26. Rd: 2 M str, 2 M zusstr, 3 M str, 2 M zusstr, 2 M str (= 36 M).
27.–28. Rd: Alle M str.
29. Rd: Nd 1 + 2: 1 M str, 2 M zusstr, 3 M str, 2 M zusstr, 1 M str, Nd 3+ 4: alle M str (= 32 M).
30. Rd: Alle M str.
31. Rd: Nd 1 + 2: 1 M str, 2 M zusstr, 1 M str, 2 M zusstr, 1 M str, Nd 3 + 4: 1 M str, 2 M zusstr, 3 M str, 2 M zusstr, 1 M str (= 24 M).
32.–34. Rd: Alle M str.
35. Rd: Nd 1 + 2: 2 M zusstr, 1 M str, 2 M zusstr, Nd 3 + 4: 2 M zusstr, 3 M str, 2 M zusstr (= 16 M).
36.–37. Rd: Alle M str.
38. Rd: Nd 1 + 2: 2 M zusstr, 1 M str, Nd 3 + 4: 2 M zusstr, 1 M str, 2 M zusstr (= 10 M).
39.–40. Rd: Alle M str.
Die Augen einsetzen. Dafür zählst du von der Nasenspitze 16 M nach hinten. Dieser Punkt ist dein Ausgangspunkt. Nun zählst du 6 M nach rechts und 6 M nach links. Dort befestigst du jeweils die Augen.
Fülle den Kopf mit Füllwatte und forme die Augenhöhlen, wie beim Elch auf Seite 19 beschrieben.
☛ siehe Bild 1

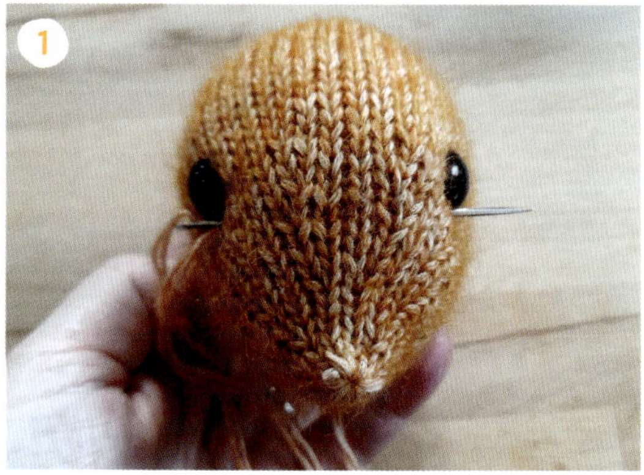

AUSSENSEITE OHREN UND SCHWANZ (3X, IN ORANGEBRAUN DOPPELFÄDIG)

Je 4 M anschl auf Nd 1 + 3, je 3 M anschl auf Nd 2 + 4 (= 14 M).
1.–9. Rd: Alle M str.
10. Rd: Nd 1 + 3: 1 M str, 1 M zusstr, 1 M str, Nd 2 + 4: 2 M zusstr, 1 M str (= 10 M).
11.–12. Rd: Alle M str.
Den Faden abschneiden. Das Fadenende in die Vernäh-Nd einfädeln und durch alle M auf den Nd ziehen. Ziehe das Loch zu und vernähe es gut, damit sich der Faden nicht mehr lösen kann.

INNENSEITE OHREN UND SCHWANZ (3X, IN STEINGRAU DOPPELFÄDIG)

Es wird in R glatt rechts gestrickt.
5 M anschl (= 5 M).
1.–6. R: Glatt rechts str.
Den Faden abschneiden. Das Fadenende in die Vernäh-Nd einfädeln und durch alle M ziehen. Faden festziehen, so bildet sich eine Spitze. Den Faden gut vernähen.
Lege nun die hellen Innenseiten von Ohren und Schwanz auf die orangebraunen Außenseiten von Ohren und Schwanz und nähe sie fest.
☛ siehe Bild 2

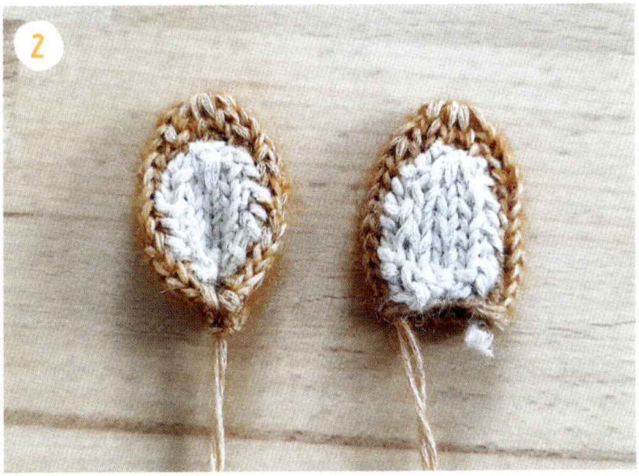

Die Ohren an den Kopf nähen.

Mit Stickgarn in Schwarz stickst du gemäß Foto die Nase und über jedem Auge zwei kurze Linien als Wimpern auf. Sticke außerdem noch zwei Linien in Weiß um die äußere Rundung der Augen, um das Augenweiß anzudeuten.

☛ **siehe Bild 3**

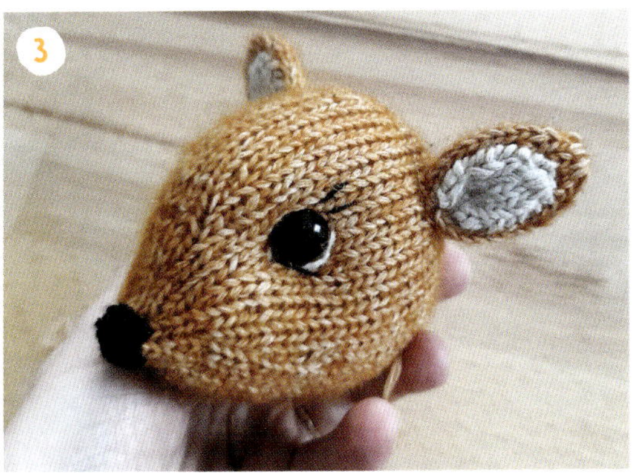

KÖRPER (1X, IN ORANGEBRAUN DOPPELFÄDIG)

5 M pro Nd anschl (= 20 M).
1.–2. Rd: Alle M str.
3. Rd: *1 M str, 1 M zun*, von * bis * 3x wdh, 1 M str (= 36 M).
4.–5. Rd: Alle M str.
6. Rd: 2 M str, 1 M zun, 5 M str, 1 M zun, 2 M str (= 44 M).
7.–10. Rd: Alle M str.
11. Rd: 2 M str, 1 M zun, 7 M str, 1 M zun, 2 M str (= 52 M).
12.–26. Rd: Alle M str.
27. Rd: 2 M str, 2 M zusstr, 5 M str, 2 M zusstr, 2 M str (= 44 M).
28.–37. Rd: Alle M str.
38. Rd: 1 M str, 2 M zusstr, 5 M str, 2 M zusstr, 1 M str (= 36 M).
39.–46. Rd: Alle M str.
47. Rd: 1 M str, 2 M zusstr, 3 M str, 2 M zusstr, 1 M str (= 28 M).
48.–50. Rd: Alle M str.
51. Rd: 1 M str, 2 M zusstr, 1 M str, 2 M zusstr, 1 M str (= 20 M).
52.–54. Rd: Alle M str.
55. Rd: Alle M abk.
Körper nun mit Füllwatte ausstopfen und die Öffnung am unteren Ende des Körpers zunähen.

ARME (2X, IN ORANGEBRAUN, STEINGRAU UND AUBERGINE, JEWEILS DOPPELFÄDIG)

In Orangebraun 3 M pro Nd anschl (= 12 M)
1.–30. Rd: Alle M str.
Zu Steingrau wechseln.
31.–32. Rd: Alle M str.
Für die Hufe zu Aubergine wechseln.
33.–38. Rd: Alle M str.
Den Faden abschneiden. Das Fadenende in die Vernäh-Nd einfädeln und durch alle M ziehen. Faden festziehen, bis sich das Loch schließt. Faden sorgfältig vernähen.
Fülle nun die Arme zu zwei Dritteln mit Füllwatte.

BEINE (2X, IN ORANGEBRAUN, STEINGRAU UND AUBERGINE, JEWEILS DOPPELFÄDIG)

In Orangebraun je 3 M anschl auf Nd 1 + 3, je 4 M anschl auf Nd 2 + 4 (= 14 M).
1.–37. Rd: Alle M str.
Zu Steingrau wechseln.
38.–39. Rd: Alle M str.
Für die Hufe zu Aubergine wechseln.
40.–49. Rd: Alle M str.
Den Faden abschneiden. Das Fadenende in die Vernäh-Nd einfädeln und durch alle M ziehen. Faden festziehen, bis sich das Loch schließt. Faden sorgfältig vernähen.

Stopfe nun die Beine mit Füllwatte aus.
☛ **siehe Bild 4**

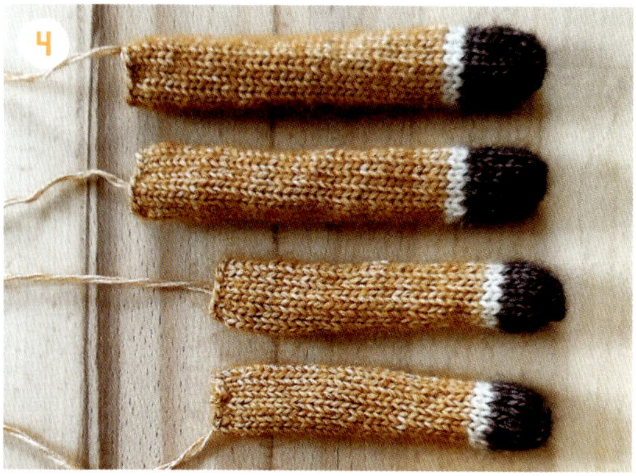

Nun Arme und Beine an den Körper nähen.
☛ **siehe Bild 5**

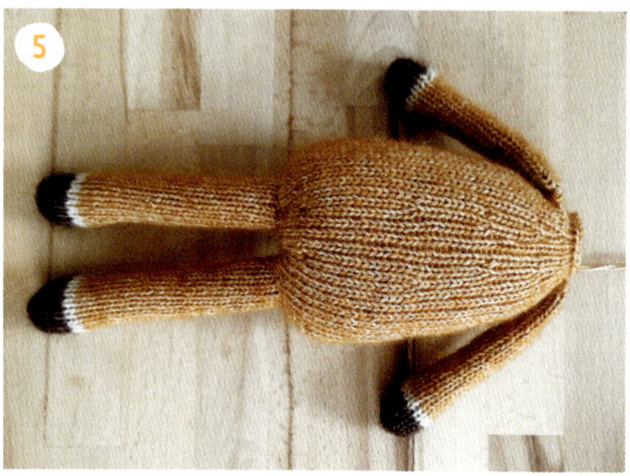

GEWEIH (2X, IN AUBERGINE DOPPELFÄDIG)

Jede Geweihstange besteht aus zwei Geweihstücken.

Kurzes Geweihstück (1x)

2 M pro Nd anschl (= 8 M).
1.–7. Rd: Alle M str.
Faden abschneiden und in die Vernäh-Nd einfädeln. Faden durch alle M auf den Nd ziehen. Ziehe den Faden fest, so schließt sich das Loch. Faden gut vernähen.

Langes Geweihstück (1x)

2 M pro Nd anschl (= 16 M).
1.–15. Rd: Alle M str.
Faden abschneiden und in die Vernäh-Nd einfädeln. Faden durch alle M auf den Nd ziehen. Ziehe den Faden fest, so schließt sich das Loch. Faden gut vernähen.
Sind alle Geweihstücke fertiggestellt, die einzelnen Teile mit Füllwatte ausstopfen. Nähe nun jeweils ein kurzes Geweihstück an ein langes.
☛ **siehe Bild 6**

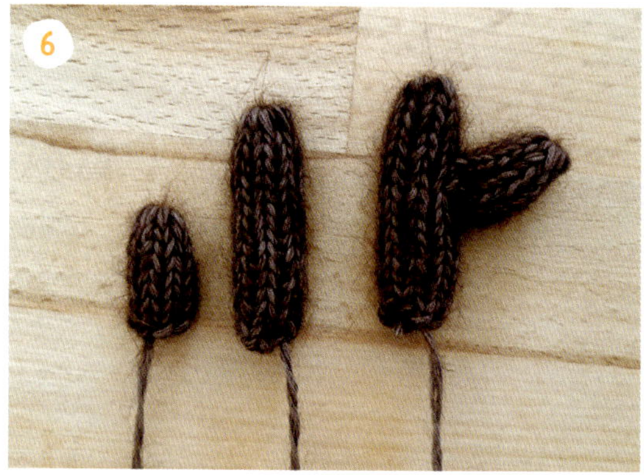

KLEID (1X, IN ALTROSA DOPPELFÄDIG)

Es wird in R gestrickt.
Mit der Rundstrick-Nd 3,0 mm 103 M anschl (= 103 M).
1. R (Rück-R): RM, rechte M str, RM.
2.–25. R: Im Ajourmuster nach der Strickschrift (S. 57) arbeiten.
26.–55. R: Glatt rechts str.
56. R (Hin-R): RM, *1 M str, 2 M zusstr*, von * bis * wdh bis 3 M vor R-Ende, 2 M str, RM (= 70 M).
57. R (Rück-R): RM, alle M links str, RM.
58. R: RM, immer 2 M zusstr, RM (= 35 M).
59. R: RM, alle M links str, RM.
60.–79. R: Glatt rechts str.
80. R: 11 M abk, 13 M str, 11 M abk, Faden abschneiden (= 13 M).
Nun über die verbleibenden 13 M str.
81.–85. R: Glatt rechts str.
86. R: Alle M abk.
Nun für die Knopfblende aus der rechten Kante des schmalen, glatt rechts gestrickten Teils 7 M aufnehmen und wie folgt str:
1.–6. R: Kraus rechts str.
7. R: Alle M abk.

Für die Knopflochblende aus der linken Kante 7 M aufnehmen und wie folgt str:

1.–2. R: Kraus rechts str.

3. R: 1 M str, 2 M zusstr, 1 U, 1 M str, 2 M zusstr, 1 U, 1 M str.

4.–6. R: Kraus rechts str.

7. R: Alle M abk.

Träger (2x, in Altrosa doppelfädig)

Es wird in R gestrickt.

Mit der Rundstrick-Nd 3,0 mm 16 M anschl (= 16 M)

1. R: Rechte M str.

2. R: Alle M abk.

Die Träger und die Knöpfe annähen.

☛ siehe Bild 7

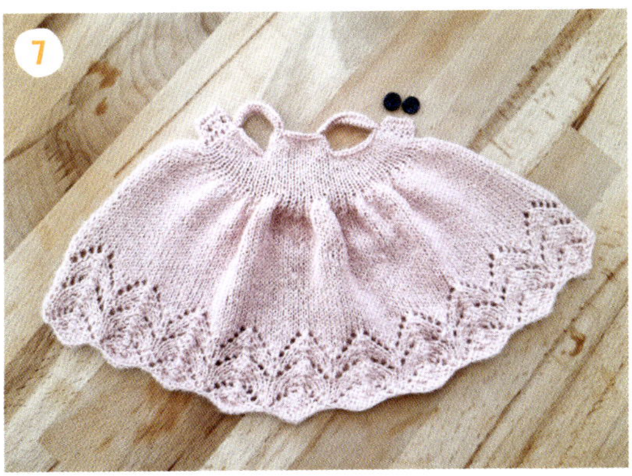

STOLA (1X, IN ECRU)

Es wird in R gestrickt.

42 M anschl.

1.–34. R: Kraus rechts str.

35. R: Alle M abk.

Anfangs- oder Endfaden lang lassen und zum Umlegen der Stola durch die gegenüberliegende Ecke ziehen.

FERTIGSTELLUNG

Füge nun die restlichen Einzelteile des Rehs zusammen (Kopf und Körper, Schwanz, Geweih). Wenn du möchtest, kannst du dem Reh noch ein paar Flecken in Steingrau mit einzelnen M-Stichen auf die Stirn sticken.

STRICKSCHRIFT

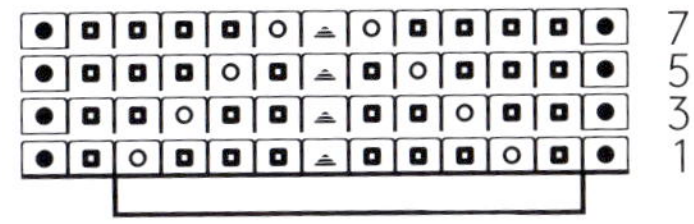

Mustersatz = 10 Maschen

Legende

▣ = 1 Masche rechts

● = Randmasche

○ = 1 Umschlag

⩓ = 3 Maschen rechts überzogen zusammenstricken: 1 Masche rechts abheben, 2 Maschen rechts zusammenstricken und die abgehobene Masche über die 2 gestrickten Maschen ziehen.

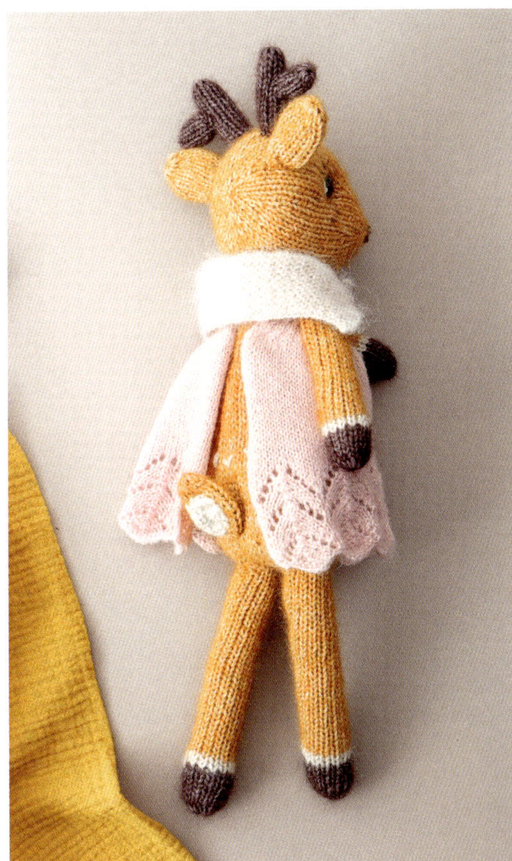

MARDER SPEEDY

GRÖSSE

Höhe: 25 cm

MATERIAL

- **Junghans-Wolle Pellini** (60 % Wolle, 25 % Polyamid, 15 % Alpaka, LL 90 m/50 g) in Mittelbraun, ca. 100 g (für Körper, Kopf, Ohren, Arme, Beine und Schwanz), und in Offwhite, ca. 20 g (für den Bauchfleck)
- **Lana Grossa Mc Wool Merino Mix** (50 % Merino-Schurwolle, 50 % Acryl, LL 100 m/50 g) in Dunkelrot (Fb 108), ca. 10 g, und in Weiß (Fb 119), ca. 8 g (für die Mütze)
- **Schöller & Stahl Zimba Fix** (80 % Schurwolle, 20 % Polyamid, LL 87 m/50 g) in Beige meliert (Fb 67), ca. 30 g (für den Schal)
- Nadelspiel 3,5 mm
- 2 Sicherheitsaugen, ø 12 mm
- Füllwatte
- Vernähnadel
- Stickgarn in Weiß und Schwarz (für Details der Augen und Nasenspitze)
- feine Bürste um das „Fell" in Form zu bringen

Tipp: Alle Teile des Marders werden mit einer feinen Bürste aufgeraut, um eine schöne Felloptik zu erreichen. Bürste jedes Teil immer gleich, nachdem du es gestrickt hast, denn vor dem Zusammennähen des Körpers geht es leichter.

MASCHENPROBE

Glatt rechts mit Junghans-Wolle Pellini und Nd 3,5 mm und: 25 M und 34 R = 10 x 10 cm

GRUNDMUSTER

- Glatt rechts in Rd: Alle M rechts str.
- Glatt rechts in R: In Hin-R rechte M, in Rück-R linke M str.
- Kraus rechts in R: In Hin- und Rück-R rechte M str.
- Bündchenmuster: 1 M rechts, 1 M links im Wechsel str.

HINWEIS

Wenn nicht anders angegeben, wird auf 4 Nd in Rd glatt rechts gestrickt.
„Alle M str" heißt immer „Alle M rechts str", „1 M str" heißt „1 M rechts str" usw. „2 M zusstr" heißt immer „2 M rechts zusstr".
In der Regel sind die Angaben PRO Nd gemacht. Wird auf den 4 Nd unterschiedlich gearbeitet, so wird das gesondert aufgeführt.
Wenn keine Nd-Zahl dahinter in Klammern steht, gilt die Angabe für alle 4 Nd.

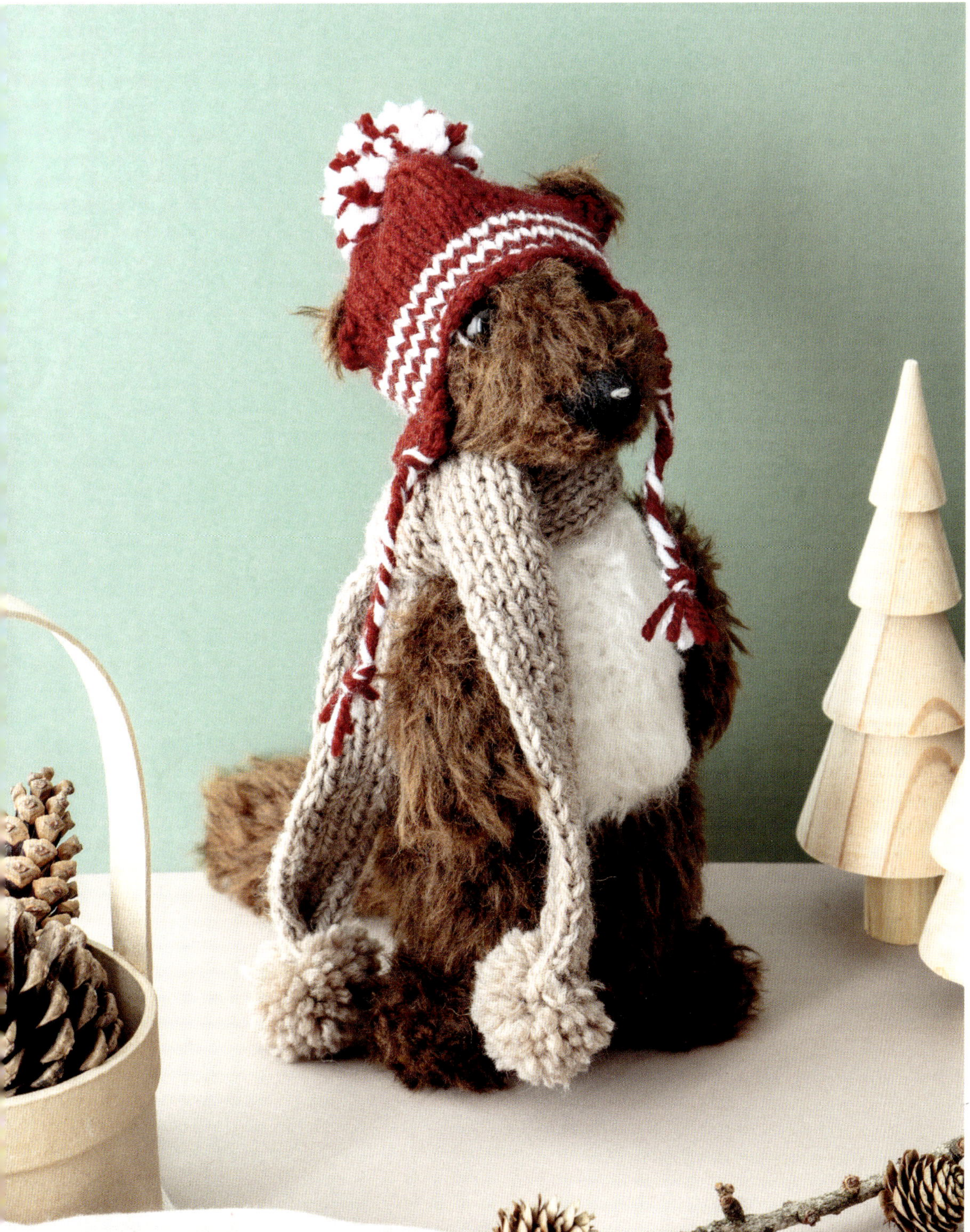

LOS GEHT'S

KÖRPER (1X, IN MITTELBRAUN DOPPELFÄDIG)

4 M pro Nd anschl (= 16 M).
1. Rd: Alle M str.
2. Rd: 2 M str, 1 M zun, 2 M str (= 20 M).
3. Rd: Alle M str.
4. Rd: 1 M str, 1 M zun, 3 M str, 1 M zun, 1 M str (= 28 M).
5.–7. Rd: Alle M str.
8. Rd: 2 M str, 1 M zun, 3 M str, 1 M zun, 2 M str (= 36 M).
9.–13. Rd: Alle M str.
14. Rd: 1 M str, 2 M zusstr, 3 M str, 2 M zusstr, 1 M str (= 28 M).
15.–34. Rd: Alle M str.
35. Rd: 1 M str, 2 M zusstr, 1 M str, 2 M zusstr, 1 M str (= 20 M).
36.–40. Rd: Alle M str.
41. Rd: 1 M str, 2 M zusstr, 2 M str (= 16 M).
42. Rd: Alle M str.
43. Rd: Alle M abk.
Den Körper mit Füllwatte ausstopfen und die Öffnungen zunähen.

KOPF (1X, IN MITTELBRAUN DOPPELFÄDIG)

3 M pro Nd anschl (= 12 M).
1.–4. Rd: Alle M str.
5. Rd: 1 M str, 1 M zun, 2 M str (= 16 M).
6.–7. Rd: Alle M str.
8. Rd: 2 M str, 1 M zun, 2 M str (= 20 M).
9.–15. Rd: Alle M str.
16. Rd: 1 M str, 2 M zusstr, 2 M str (= 16 M).
17.–19. Rd: Alle M str.
Den Kopf leicht mit Füllwatte ausstopfen, so lassen sich die Augen besser positionieren. Die Augen einsetzen. Dafür misst du vom Hinterkopf ca. 4,5 cm nach vorne. Dieser Punkt ist dein Ausgangspunkt. Miss nun 1,5 cm nach links und nach rechts. Hier befestigst du jeweils die Augen. Nun den Kopf nachstopfen.
20. Rd: 1 M str, 2 M zusstr, 1 M str (= 12 M).
21. Rd: Alle M str.
Schneide nun den Faden ab. Nimm deine Vernäh-Nd und ziehe damit den Faden durch alle M auf deinen Nd. Ziehe den Faden fest, so schließt sich das Loch. Vernähe den Faden gut, sodass er sich nicht mehr lösen kann.

ARME (2X, IN MITTELBRAUN DOPPELFÄDIG)

Es wird in R kraus rechts gestrickt.
8 M anschl (= 8 M).
1.–15. R: Kraus rechts str.
16. R: Alle M abk.
Das Strickstück der Länge nach zur Hälfte legen, dann die lange und eine kurze Seite zunähen. Den Arm mit Füllwatte ausstopfen.

BEINE (2X, IN MITTELBRAUN DOPPELFÄDIG)

Es wird in R kraus rechts gestrickt.
8 M anschl (= 8 M).
1.–11. R: Kraus rechts str.
12. R: Alle M abk.
Das Strickstück der Länge nach zur Hälfte legen, dann die lange und eine kurze Seite zunähen. Das Bein mit Füllwatte ausstopfen.

OHREN (2X, IN MITTELBRAUN DOPPELFÄDIG)

Es wird in R kraus rechts gestrickt.
6 M anschl (= 6 M).
1.–2. R: Kraus rechts str.
3. R: 2 M zusstr, 2 M str, 2 M zusstr (= 4 M).
4. R: Alle M abk.
Den Faden abschneiden. Das Fadenende in die Vernäh-Nd einfädeln und durch alle M ziehen, so formt sich die Ohrenspitze. Faden gut vernähen.

SCHWANZ (1X, MITTELBRAUN DOPPELFÄDIG)

Je 3 M anschl auf Nd 1 + 3, je 4 M anschl auf Nd 2 + 4 (= 14 M).
1.–28. Rd: Alle M str.
29. Rd: Nd 1 + 3: 2 M zusstr, 1 M str, Nd 2 + 4: 2x 2 M zusstr (= 8 M).
30.–31. Rd: Alle M str.

Den Faden abschneiden. Das Fadenende in die Vernäh-Nd einfädeln und durch alle M ziehen. Faden festziehen, bis sich das Loch schließt. Faden gut vernähen.

BAUCHFLECK (IN OFFWHITE DOPPELFÄDIG)

Es wird in R kraus rechts gestrickt.
7 M anschl (= 7 M).
1.–2. R: Kraus rechts str.
3. R: 1 M str, 1 M zun, 5 M str, 1 M zun, 1 M str (= 9 M).
4.–24. R: Kraus rechts str.
25. R: 1 M str, 2 M zusstr, 3 M str, 2 M zusstr, 1 M str (= 7 M).
26.–28. R: Kraus rechts str.
29. R: Alle M abk.
Den Bauchfleck nun am Körper feststecken. Wenn dir die Position gefällt, festnähen.

MÜTZE (1X, IN DUNKELROT UND WEISS)

In Dunkelrot 3 M pro Nd anschl (= 12 M).
1. Rd: Alle M str.
2. Rd: 1 M str, 1 M zun, 1 M str, 1 M zun, 1 M str (= 20 M).
3. Rd: Alle M str.
4. Rd: 1 M str, 1 M zun, 3 M str, 1 M zun, 1 M str (= 28 M).
5. Rd: Alle M str.
6. Rd: 1 M str, 1 M zun, 5 M str, 1 M zun, 1 M str (= 36 M).
7.–9. Rd: Alle M str.
In der folgenden R entstehen durch Aufschlingen von zusätzlichen M zwei Öffnungen für die Ohren.
10. Rd: Nd 1 + 3: 9 M str, 2 M aufschlingen, Nd 2 + 4: 2 M aufschlingen, 9 M str (= 44 M).
11.–13. Rd: Alle M str.
14. Rd: 1 M str, 2 M zusstr, 5 M str, 2 M zusstr, 1 M str (= 36 M).
Zu Weiß wechseln.
15. Rd: Alle M str.
Zu Dunkelrot wechseln.
16. Rd: Alle M str.
17.–20. Rd: Die 15. Rd und 16. Rd mit den Farbwechseln 2x wdh.
21. Rd: Nd 1 + 3: 6 M abk, 3 M str, Nd 2 + 4: 3 M str, 6 M abk.
Nun die verbleibenden je 3 M von Nd 1 + 2 auf eine Nd nehmen (= 6 M) und für die erste Ohrenklappe über diese 6 M kraus rechts in R wie folgt weiterstr:
1.–6. R: Glatt rechts str.
7. R: 2 M zusstr, 2 M str, 2 M zusstr (= 4 M).
8. R: Linke M str.
9. R: Alle M abk.
Die zweite Ohrenklappe ebenso über die 6 M von Nd 3 + 4 str.
Noch kleine geflochtene Bindebänder an den unteren Spitzen der Ohrenklappen anbringen. Dazu jeweils 2 Fäden in Dunkelrot und 1 Faden in Weiß zu einem kleinen Zopf flechten. Für die Mützenspitze einen Bommel mit 3 cm Durchmesser fertigen. Dafür legst du Zeige- und Mittelfinger zusammen und wickelst ca. 15x Fäden in Dunkelrot und Weiß um deine Finger. Nimm nun einen Faden in Dunkelrot (ca. 10 cm lang) und ziehe diesen zwischen den beiden Fingern durch. Führe ihn um die Wolle herum und mache einen Knoten hinein, den du so festziehst, wie es geht. Schlüpfe nun mit den Fingern heraus und schneide die Schlaufen mit einer Schere mittig auseinander. Schüttle nun deinen Bommel und bringe ihn mit einer Schere in die gewünschte Form. ☛ **siehe Bild 1**

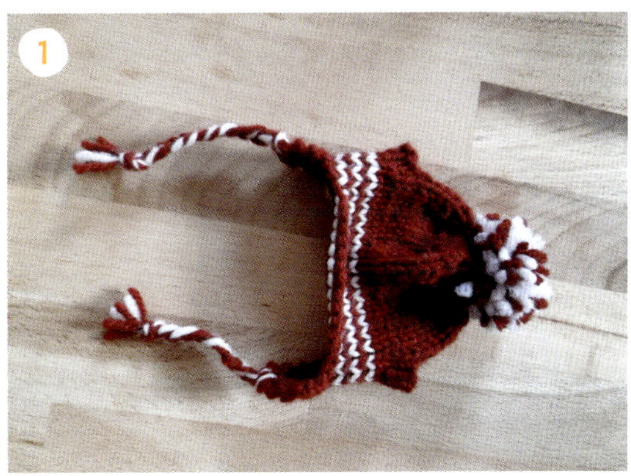

SCHAL (1X, IN BEIGE MELIERT)

Es wird in R gestrickt.
9 M anschl (= 9 M).
1. R: 1 RM, im Bündchenmuster str bis zur letzten M, 1 RM.
Die 1. R wdh, bis eine Länge von ca. 50 cm erreicht ist. Dann alle M abk.
Nun zwei kleine Bommeln mit einem Durchmesser von 3 cm fertigen (siehe Bommel Mütze) und an die Enden des Schals nähen. ☛ **siehe Bild 2**

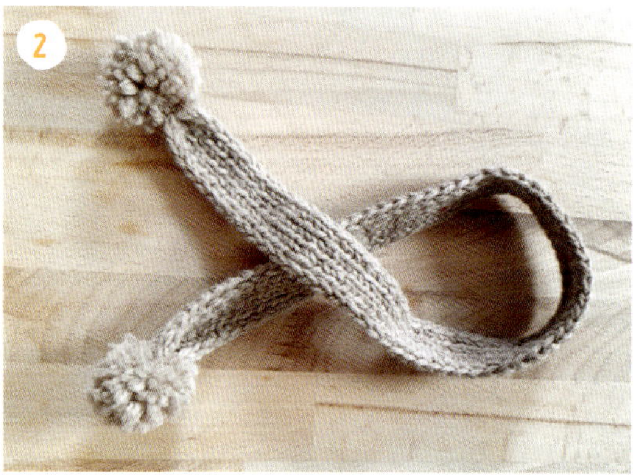

FERTIGSTELLUNG

Nähe nun alle bereits gut gebürsteten Einzelteile des Marders an (Körper, Kopf, Ohren, Arme, Beine und Schwanz). Ich empfehle dir, alle Teile erst mit Stecknadeln zu fixieren. Positioniere alles so lange neu, bis es dir gefällt, und nähe es erst dann an. Forme dann die Augenhöhlen, wie beim Elch auf Seite 19 beschrieben. Sticke nun mit schwarzem Garn die Nasenspitze auf. Wenn du möchtest, kannst du auch noch einen weißen Lichtpunkt aufsticken. Sticke außerdem noch zwei Linien in Weiß um die äußere Rundung der Augen, um das Augenweiß anzudeuten. ☛ **siehe Bild 3**

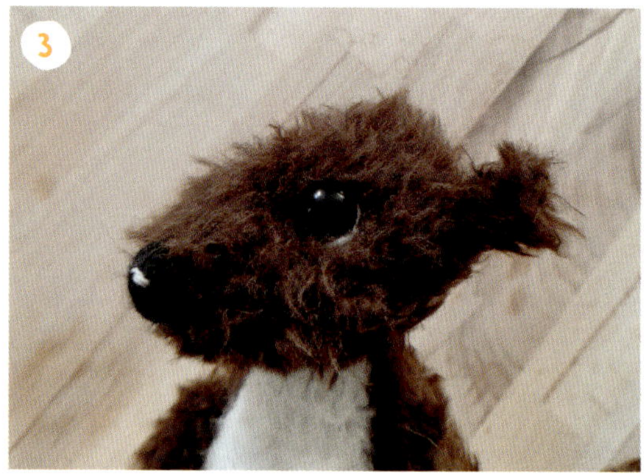

Zuletzt setzt du dem Marder die Mütze auf und bindest ihm den Schal um.